続「東南陸行五百里」

鷹取 登

東京図書出版

続「東南陸行五百里」◆目次

続「東南陸行五百里」

続編を刊行するにあたって

前作、『暴論「東南陸行五百里」』について、東京図書出版のご好意により出版にこぎつけることが出来ました。全くの素人でありました私に、編集室の皆様より適切なアドバイスも頂きまして出版できましたこと感謝の極みでございます。有難うございました。

さて、私としましては、これまで魏志倭人伝の記述について「伊都国は糸島半島に存在した」という定説を覆したつもりなのですが、いかがだったでしょうか。

また、邪馬台国につきましては、具体的に福岡県久留米市高良山付近と比定いたしました。

少なからぬ読者の方から、心温まるご意見を頂戴いたしました。また賛否両論あるなか、検討してみる価値があるという意見も頂戴いたしました。

ということで今回、私の主張を補強する目的で『続「東南陸行五百里」』を著すこととしました。特に邪馬台国のその後についても言及したいと思います。

以下の内容で考察を進めたいと思います。

一、前作暴論「東南陸行五百里」の主張の要旨
二、魏志倭人伝について新たに推理した事柄
三、魏志倭人伝以降の中国正史に記述された倭国・邪馬台国
四、大和政権の正史における邪馬台国の取扱にかかる考察
五、邪馬台国滅亡と大和政権の九州統一
六、まとめ

多くの読者の皆様の更なるご意見を頂ければ幸いです。

続「東南陸行五百里」❖目次

一、前作暴論「東南陸行五百里」の主張の要旨

ここで、邪馬台国比定地について、前作での私の主張を要約しておきたいと思う。基本的なスタンスは、魏志倭人伝（魏志東夷伝倭人の条）の記述は原則正確であり、研究者の思惑や立ち位置で記述の大幅な改訂、読み替え、無視などすべきではないということであった。

三世紀の時代、倭国には文字がなく邪馬台国にかかる情報は、西晋の陳寿《ちんじゅ》（二三三―二九七）が編纂した魏の正史である魏志に依拠していた。西晋後の歴代中国王朝の史官は、当然魏志倭人伝をはじめとした中国の正史に書き記された資料を基に当時の倭国を知るしかなく、これら中国王朝の正史は三世紀の倭国を知る上での一級資料であった。

西晋の官吏陳寿が魏志を編纂するために使用した情報は、魏成立以前の歴代中国王朝が保管してきた倭国との通交資料と、魏の時代に中国に朝貢してきた倭国との交渉記録等を基礎に編纂したであろう。

例えば魏の官僚建中校尉梯儁《けんちゅうこういていしゅん》が正始元年（二四〇年）に、また正始八年（二四七年）

には塞曹掾史《さいそうえんし》張政《ちょうせい》が邪馬台国に派遣されている。当然、これらの魏使は伊都国に留まり、そして書き記した報告書を基礎に陳寿の思想や世界観なども加味されて、魏志倭人伝が編纂されたと考えるのが妥当である。

ここに前作品、暴論「東南陸行五百里」にて推定した伊都国《いと?いつ?》・奴国《な?ど?》・不彌国《ふみ?ふや?》・邪馬台国・狗奴国《くな?くど?》やその他の倭国の比定地イメージ図を掲載する。また前作の発表後、新たに倭国比定地について推理した内容も追記して掲載した。

末盧国《まつろ》から、東南陸行五百里に位置する伊都国は佐賀県多久《たく》市付近、伊都国から東百里に位置する不彌国《ふみ》は佐賀県三養基《みやき》郡基山《きやま》町・佐賀県鳥栖《とす》市・福岡県小郡《おごおり》市周辺で宝満川《ほうまんがわ》西岸に位置する区域とし、伊都国より東南百里に位置する奴国は佐賀平野周辺であると比定した。この伊都国の湊（牛津《うしづ》）より南水行二十日の投馬国は、宮崎県宮崎市付近であると推定した。

そして肝心の邪馬台国は、不彌国の南で奴国の東南に位置している福岡県久留米市及び八女市付近と比定した。

また邪馬台国に対抗して絶えず戦いを繰り広げていた狗奴《くど》国は、筑後国の南部と肥後国の北部に位置していたと思われる。その南に熊襲《くまそ》族と隼人《はやと》族の支配する倭国が位置していたと考えている。

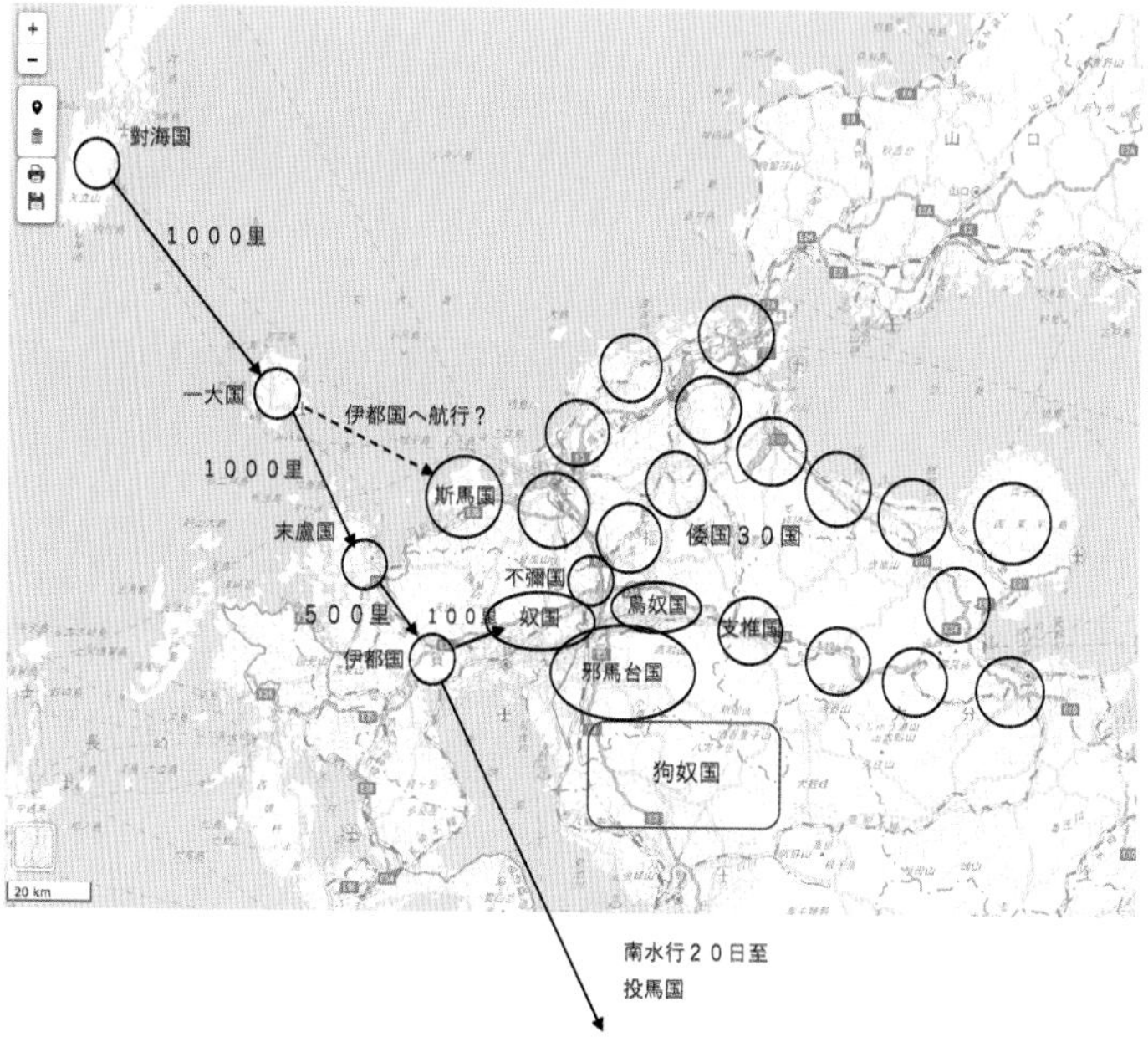

倭国29国配置イメージ図

出典：国土地理院ウェブサイト（https://mapps.gsi.go.jp/maplibSearch.do#1）

地図データに文字・記号・線を著者が記入して作成。

先日、末盧国と比定されている松浦半島の唐津《からつ》市から、伊都国と比定した多久市までの行程ポイントを訪れ写真撮影したので掲載する。撮影場所は、唐津城天守閣・唐津市相知《おうち》の里・厳《きゅうら》木《ぎ》町牧瀬《まきせ》の里・小城《おぎ》市牛津町の四カ所である。

なお、撮影地点をプロットした北部九州背景図は、国土地理院ウェブサイトの地勢図をベースに、著者にてトリミング・加工・記入して作成した。○地点は、写真撮影ポイントを示している。矢印は撮影方向を示している。

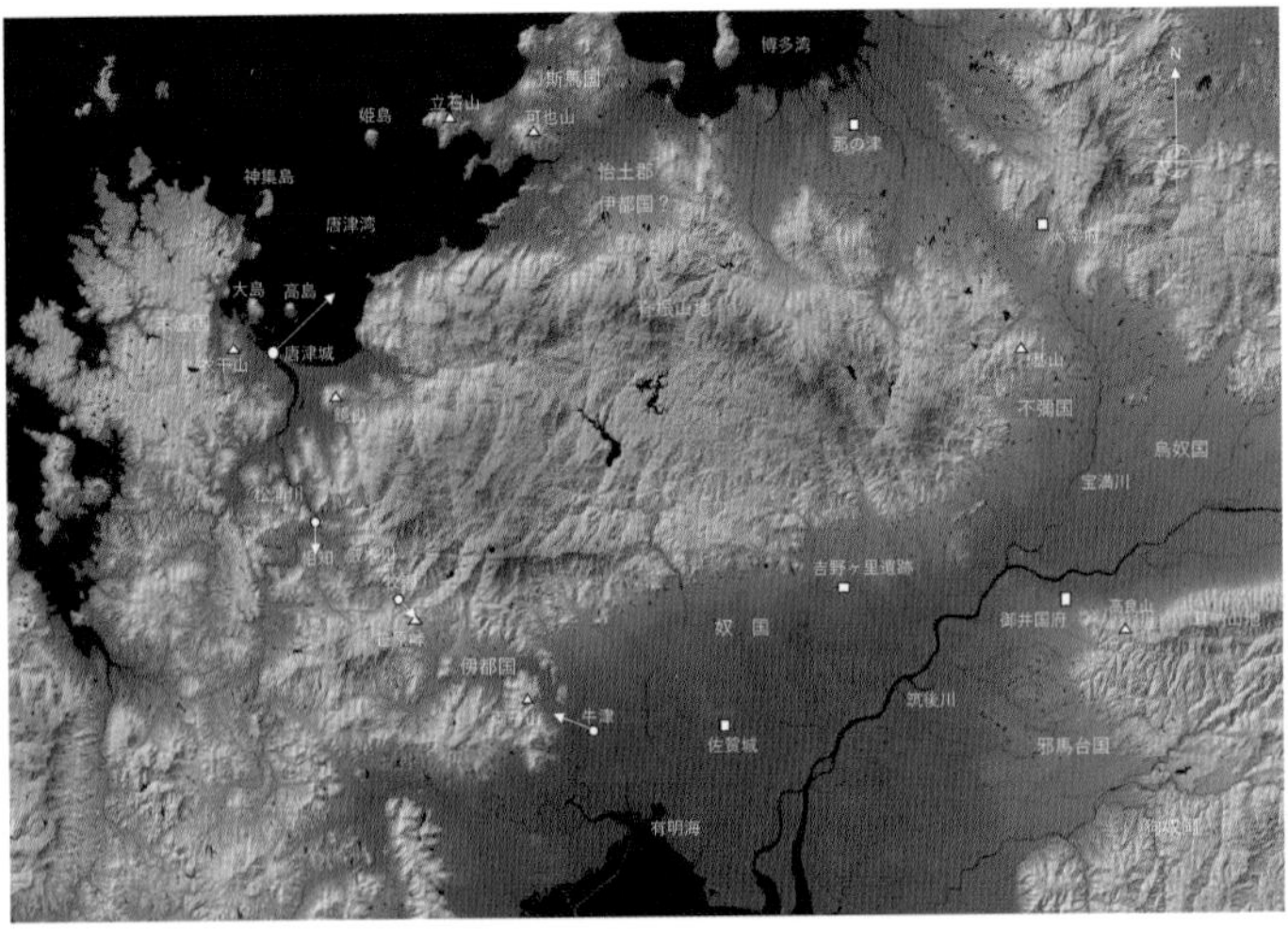

出典：国土地理院ウェブサイト（https://mapps.gsi.go.jp/maplibSearch.do#1）

地図データに文字・記号・線を著者が記入して作成。

糸島半島（伊都国）遠望

唐津城天守閣（標高約六十六メートル）から唐津湾・糸島半島を撮影している。

沖左手に見える島が高島である。

右手奥に糸島半島を望見することができる。糸島半島の右手の最高峰が可也《かや》山であり、さらにその右手に伊都国が位置していたとされる。

末盧国から糸島半島の方向は北東であり、怡土郡に向かうには唐津湾を水行するのが便利であり安全である。末盧国から「東南陸行五百里到伊都國」という旅程は、あり得ないと考えられる。

宿営地相知の里

松浦川と厳木《きゅうらぎ》川《かわ》の合流点から、相知《おうち》の里を撮影している。右手の川が松浦川本流であり、左手から厳木川が流れ込んでいる。

中央の市街地が標高四十メートルの相知の里である。宿営地は、松浦川・厳木川の合流点の上手に位置しているため、豪雨による河川の氾濫や、狼など獣による危険も回避出来たであろう。

魏使梯儁《ていしゅん》一行や倭人達は、この相知の里で一泊して、翌日伊都国（多久市）へ向けて出発したと思われる。

牧瀬から笹原峠を望む

厳木町牧瀬《まきせ》の里から、笹原峠《ささばる》を撮影している。

厳木川は、左手から中央部に流れ下っていく。中央の低い山が笹原峠であり唐津市と多久市の境でもあり、分水嶺となっている。

牧瀬で小休止を取った魏使や案内の倭人は、魏の皇帝からの下賜品を、引き連れた奴婢《ぬひ》たちに背負わせて、倭国の最重要地伊都国（多久市）へ向かって登坂して行った。

牛津から両子山を望む

伊都国（多久市）の東端に聳える「両子山《ふたごやま》」を、佐賀平野の牛津辺りから撮影している。右手の屹立している山が両子山である。

この牛津一帯は、古代三世紀には有明海の海水面下であった。有明海は、両子山の山裾まで入り込んでいた。

陸路で両子山の北山裾を通行する人々も、また海路で伊都国の津を通行する朝貢使についても、邪馬台国の卑弥呼は伊都国に一大率を置いてこれらを検察させていた。卑弥呼の倭国統治の最重要国である。

これで魏志倭人伝に書き記された倭国二十九国の内で、倭国の北岸狗邪韓国《くやかんこく》から對海《つかい》国・一大《いき》国・末盧《まつろ》国・伊都《いと》国・不彌《ふみ》国・奴《ど》国・邪馬台《やまたい》国・狗奴《くど》国・投馬《とうま》国の九国を比定したので、残りは魏志倭人伝に略載された二十カ国となる。その国名を記載する。

斯馬國・已百支國・伊邪國・都支國・彌奴國
好古都國・不呼國・姐奴國・對蘇國・蘇奴國
呼邑國・華奴蘇奴國・鬼國・爲吾國・鬼奴國
邪馬國・躬臣國・巴利國・支惟國・烏奴國

魏志倭人伝による、「次有烏奴國次有奴國此女王境界所盡」（和訳：烏奴国の次に奴国があり、奴国は女王国の境界の尽くる所）という記述は注目に値する。また「自女王國以北其戸數道里可得略載其餘旁國遠絶不可得詳」（和訳：女王国より以北の倭国はその戸数・道程を略載することが出来るが、その他の倭国は遠く離れているので詳しくは解らない）という記述は、邪馬台国を盟主とする前記倭国二十国が邪馬台国・奴国の北方向に位置していることを示唆している。

そして倭国を形成する二十国の国名を順番に記載しており、表記された倭国の先頭は

「斯馬《しま？しば？》国」であり二十番目の国は「烏奴《うど？うぬ？》国」となっている。この二十番目の「烏奴国」は、魏志倭人伝では奴国に隣接していると記されている。

前掲したイメージ図にこれら二十九国を表記したが、これが著者の推定する倭国の位置関係図となる。これら二十九国の倭国比定地は、魏志倭人伝の記述と合致している。

以上が前作品の要旨であり、これまでの倭国比定については、魏志倭人伝の記述と矛盾する箇所がないと自負している。

二、魏志倭人伝について新たに推理した事柄

1 壱岐から、末盧國、伊都国への迂回旅程について

素朴な疑問を持っている。糸島半島に伊都国が存在していたとしたら、何故に壱岐国から直接伊都国に渡海しなかったのであろうか?

倭の北岸狗邪韓国《くやかんこく》(釜山《ぷさん》付近)から対馬《つしま》への渡海や、対馬から壱岐《いき》への渡海と比べると、壱岐から糸島への渡海は潮流も弱く波も小さく容易であったろう。

壱岐から糸島までの距離は約五十五キロメートル、壱岐から唐津までが約四十キロメートルであるが、狗邪韓国から対馬間六十五キロメートルの渡海を経験した魏使一行にとっては、然程《さほど》困難な渡海ではない。わざわざ、壱岐から松浦半島(唐津)へ迂回して、そこから陸行し峻険な脊振山地《せふりさんち》に分け入り、伊都国(怡土《いと》郡)の前原《まえばる》・加布里《かふり》辺りに向かうなど考えられない。壱岐から糸島に直接渡海すれば、狗邪韓国から船荷として梱包した魏の少帝からの下賜品も、荷解きすることなく伊都国(怡土郡)に運搬できるではないか。

伊都国には卑弥呼が一大率《いちだいそつ》を置いて麾下《きか》の倭国三十国を検察しており、その一大率を諸国は畏《おそ》れているのである。また諸韓国や帯方郡への書類・貢物などや、帯方郡からの文書・下賜品なども伊都国で点検して送受している。

魏の少帝からの下賜《かし》品を荷解きすることなく伊都国に送付した方が、倭の案内人や水夫などが下賜品を抜き取ったのではないかなどと、あらぬ嫌疑を受けることもない。

下に一大国（壱岐）から伊都国（糸島半島怡土郡）までの三ルート図を掲載した。このルート図で

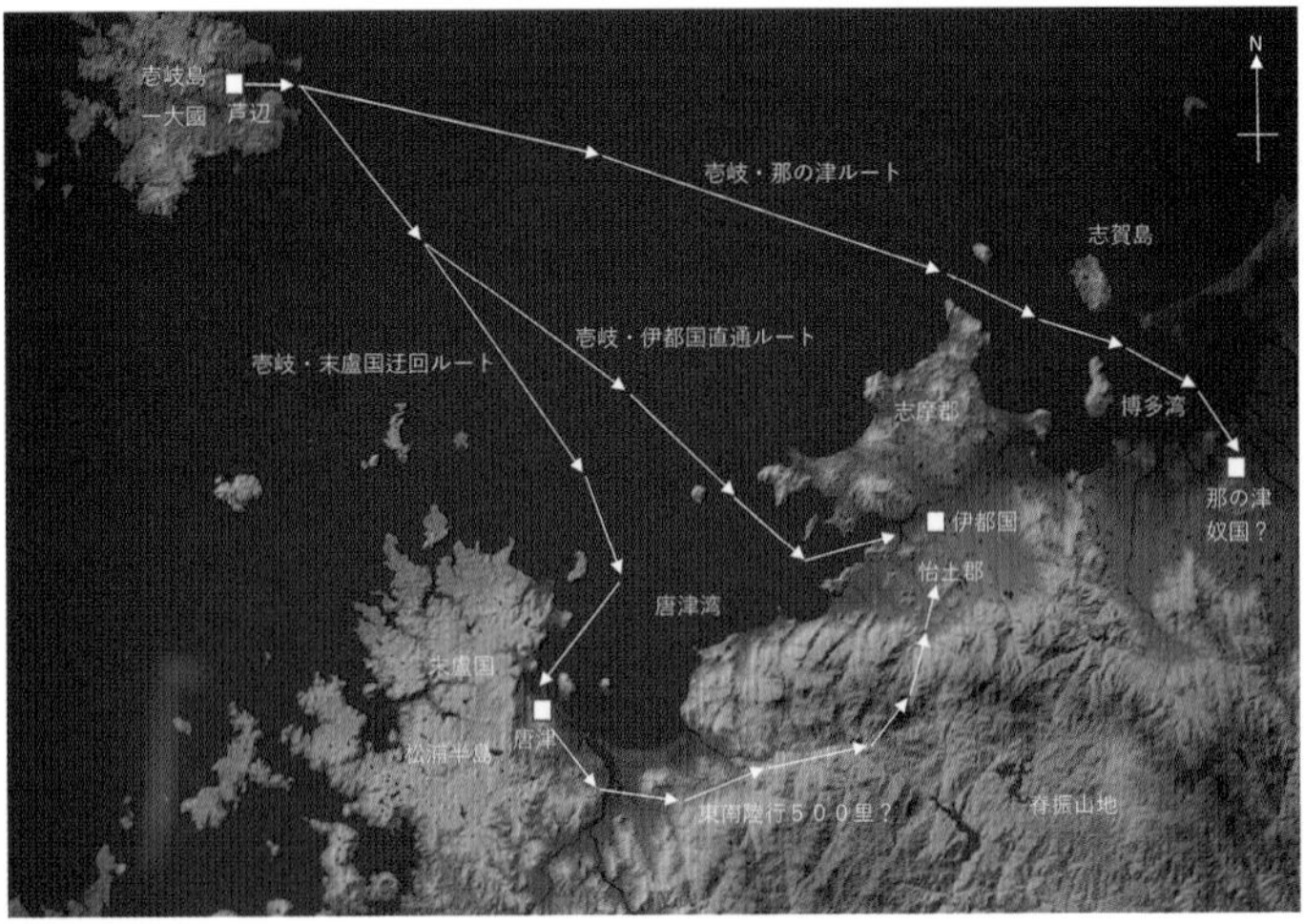

壱岐→倭国通交ルート

出典：国土地理院ウェブサイト（https://mapps.gsi.go.jp/maplibSearch.do#1）

地図データに文字・記号・線を著者が記入して作成。

も明らかなように、何故に魏使一行は、一大国（壱岐）↓伊都国（怡土郡）という唐津湾を航行する最短ルートではなく、一大国（壱岐）↓末盧国（唐津）↓伊都国（怡土郡）という脊振山地を陸行するという迂回ルートを採ったのか不可解である。

現在の糸島市前原《まえばる》町辺りに伊都国があったと仮定した場合、魏の少帝が邪馬台国の女王卑弥呼へ与えた詔書・金印・下賜品を末盧国で荷解きして、陸路で糸島市に運搬するなど理屈に合っていないと指摘したい。

つまり一大国（壱岐）↓伊都国（怡土郡）という末盧国を経由しない邪馬台国への通交ルートは、三世紀の倭国では主要なルートとは考えられていなかったということである。

この末盧国をショートカットするという通交ルートが開かれ、後に倭国（大和政権）との主要な通交ルートになるのは、畿内で軍事力を蓄え、中部日本・西日本・朝鮮半島南岸を征服した大和政権の倭の五王（讃・珍・済・興・武）とその祖先の時代であったろう。

大和政権が朝鮮半島南部の宗主権《そうしゅけん》を中国王朝に求めた結果、三世紀末から四世紀の中葉にかけて主要な通交ルートが一大国（壱岐）から那の津へのルートに変更されたことになったと考える。

重ねて述べるが一大国（壱岐）↓末盧国（唐津）↓伊都国（怡土郡）という迂回ルートは、伊都国が糸島半島の怡土郡に存在すると仮定した場合、あり得ない通交ルートであったことを強調したい。末盧国に寄港する必然性が無いのである。

前述のことから、怡土郡（前原付近）には、魏志倭人伝にいう伊都国は存在しなかったことを主張できるのである。

また邪馬台国畿内《きない》説を主張する人々も、この伊都国を糸島半島（怡土郡）に比定する限り、決定的な矛盾を解決することが出来ない。

魏志倭人伝では、「自女王國以北特置一大率検察諸國畏憚之常治伊都國於……」（和訳：卑弥呼は女王国より北には特に一大率《いちだいそつ》を置いて諸国を検察している。諸国はこれを恐れ憚《はばか》っている。この一大率は、常に伊都国に置かれている）と書き記《しる》している。

邪馬台国を大和地方纏向《まきむく》辺りに比定すると、邪馬台国の北に位置する倭国（例えば山《やま》城《しろ》・伊賀《いが》・近江《おうみ》・若狭《わかさ》・越前《えちぜん》辺りの部族国家）を、糸島半島という九州の片田舎に位置した伊都国に一大率を置いて検察させたことになる。

どうやって伊都国は、畿内大和地方の北に展開する倭国を検察し、これら倭国がこの一大率を憚《はばか》り慄《おのの》くのであろうか？

さらに、魏志倭人伝では、邪馬台国の南に狗奴《くど》国が位置していると書き記されている。

この狗奴国は、邪馬台国に対抗できるほどの強国である。仮に邪馬台国が、大和地方纏《まき》向《むく》辺りに位置していると仮定すると、狗奴国は現在の奈良県南部の山岳地帯から和歌山県・三重県の南部に亘って存在したことになる。しかし大和地方と比べて田畑が少ないこの地域では、生産力も小さく擁する人口も少なかったであろう。紀伊半島の南部山岳地帯に、邪馬台国と交戦し倭国三十カ国を脅かすほどの大国が存在したとは考えられぬのである。

三世紀中葉から時代が下った古墳時代においても、和歌山県内に分布する古墳群は紀ノ川流域に集中しており、和歌山県南部においては僅かしか分布していない。

倭国三十国を支配した邪馬台国に対抗するだけの軍事力を保持した狗奴国が、この地域に存在したとは思われぬ。

つまり狗奴国の比定地について邪馬台国を大和纏向地方とした場合、魏志倭人伝における記述との整合性が取れない結果となっている。

これらの事例をとっても、邪馬台国を畿内地方に比定する事は無理筋だと理解できるのである。

参考に、和歌山県から公開されている「和歌山県古墳分布図」を次に掲載する。

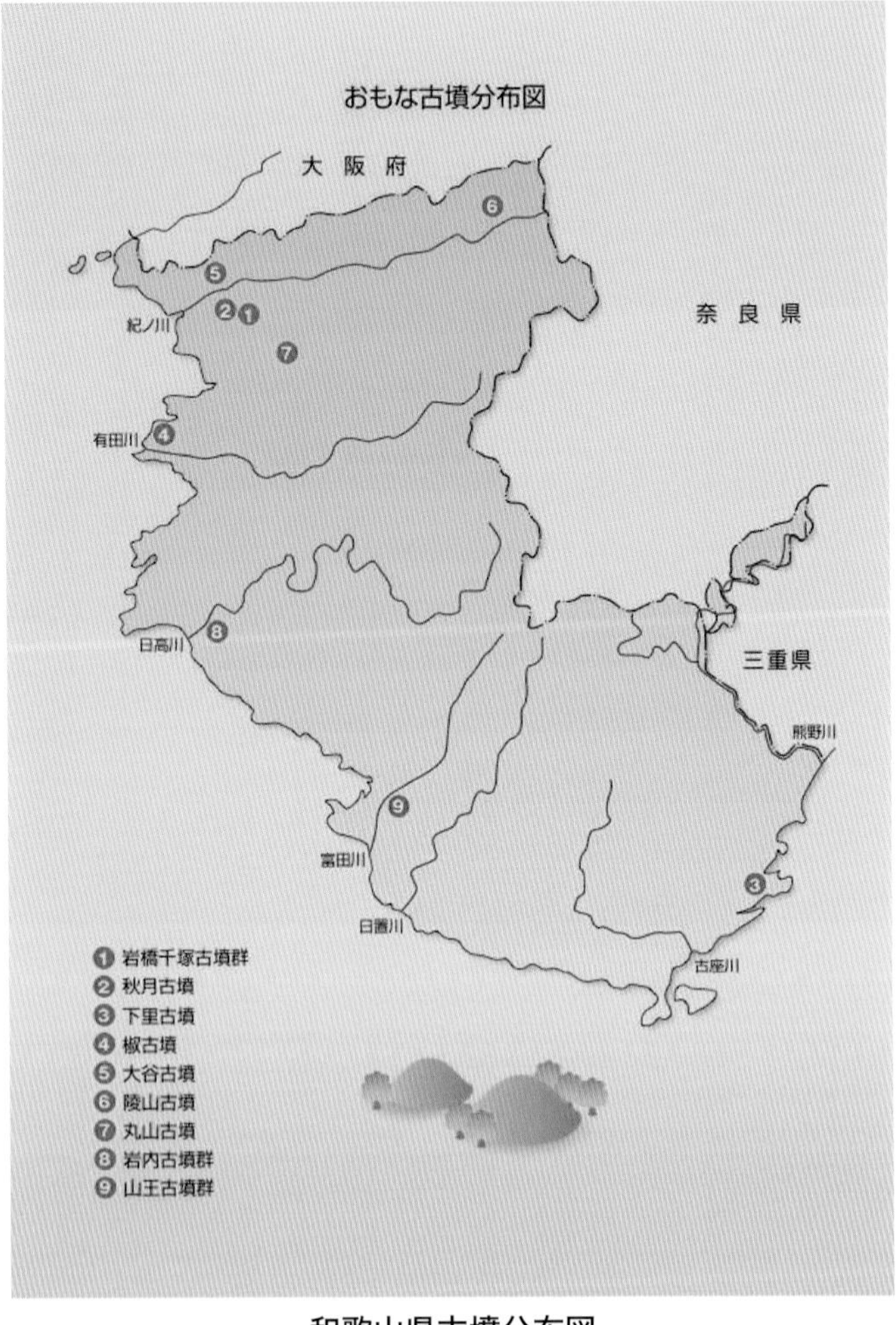

和歌山県古墳分布図

出典：和歌山県ホームページ公開資料「古墳分布図」
画像データをトリミングして掲載。

2 貴字と卑字による倭国名の表記について

三世紀の魏に朝貢した邪馬台国が統嘱する倭国二十九国について、その国名の表記を魏志では貴字と卑字にて使い分けていたことは広く知られている。

当時の倭国には文字がなかったため、魏志倭人伝での国名表記も、魏使の副官や書記が倭人から聞いた国名を一度表音文字で起案して、その後正式に記録する際にほぼ同じ発音に近い貴字と卑字を使い分けて書き記したものであろう。

貴字表記と考えられる国名は、對海《つかい》国・一大《いき》国・末盧《まつろ》国・伊都《いと》国・不彌《ふみ》国の五国で、残り二十四国は卑字にて表記されていると考えて良い。

中華思想により貴字と卑字が使い分けられたと考えるのが合理的解釈である。

中国の歴代王朝は自らの王朝が世界の中心であり、他の周辺諸国は無知蒙昧《むちもうまい》な野蛮国であると考えていた。則ち中国の東に位置する未開国が「東夷《とうい》」であり、北方の遊牧民族が「北狄《ほくてき》」、西方の遊牧民族が「西戎《せいじゅう》」、南方の未開民族が「南蛮《なんばん》」と呼称され侮蔑《ぶべつ》された。

これら中国四周の蛮族も、時の中国王朝に朝貢し皇帝より王に除正されると、中国皇帝の威令を背景に自らの王国の支配権を確立したと主張することが出来る。中国四周の蛮国も中国王朝の冊封体制《さくほうたいせい》に組み込まれることで、自国周辺で特別な支配権を獲得しようとしたのである。

對海国・一大国・末盧国・伊都国・不彌国が貴字で表記されたのは、この五国が魏と倭国を繋ぐ正式な通交ルートであり、常に倭国の使いや帯方郡使が往来・駐留したからであろう。則ち中国王朝の威光により、東夷《とうい》倭の構成国であった五つの倭国が教化・浄化されたと考えることができる。中国王朝を宗主国として、これら五国が事実上冊封体制《さくほうたいせい》に組み込まれたと見做《みな》し、卑字ではなく貴字にて表記されたと理解できるのである。

三世紀の倭国において、倭の北岸狗邪韓国《くやかんこく》↓對海国↓一大国↓末盧国↓伊都国↓不彌国への通交ルートは、魏の出先機関である帯方郡と倭国にとって、半ば固定化された最重要の通交路であったことを示している。

3 「斯馬國」と「烏奴國」の位置について

その他倭国二十国の先頭に記載された「斯馬国《しま》」は、糸島半島の北部「志摩郡《しま》」に存在したと考えている。今、糸島半島のイメージ図を掲げる。糸島半島の北部地域は、三世紀には島国であった。南部の九州本土とは海峡（糸島海峡）にて切り離されていたのである。

これまで定説では、伊都国と比定されている地域は、九州本土に位置している伊都国あるいは怡土郡と呼ばれた現在の福岡県糸島市前原町辺りとされる。

「斯馬国《しまこく》」は元々「島《しま》国」であり、魏志倭人伝では卑字表記により「斯馬国」と記載されたと考えており、その後大宝律令制による行政区分の制定により「志摩郡」と制定された。

この斯馬国が、略載された倭国二十国の先頭に記載されたのは、魏使一行が壱岐から末盧国に向かう船旅で唐津湾を航行の際、常に左舷から見ることができた巨大な島国で

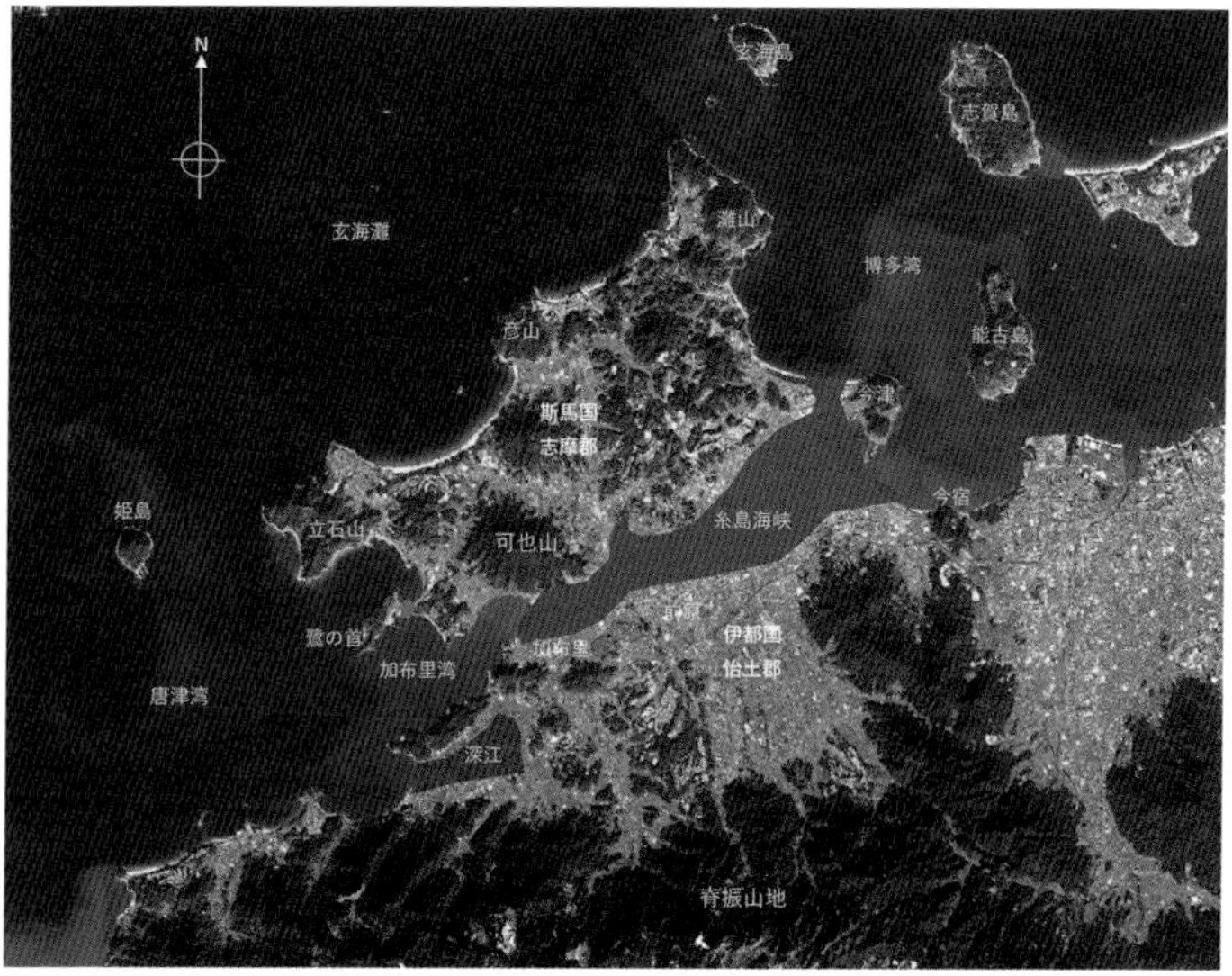

斯馬国・志摩郡位置図

出典：国土地理院ウェブサイト（https://mapps.gsi.go.jp/maplibSearch.do#1）

地図データに文字・記号・線を著者が記入して作成。

あったからであろう。また、末盧国に到着して、唐津の衣干山《きぬぼしやま》辺りから北東方向に視認する事が出来た最初の倭国でもあったからだろう。彼らは糸島半島（怡土郡・志摩郡）に上陸したとは思えないが、斯馬国が、その他倭国二十国の最初の倭国と認識したのである。

魏使一行を案内した伊都国の倭人は、この斯馬国を筆頭に時計回りに倭国二十国の位置関係を説明し、魏使の書記官は二十国名を卑字にて報告書に記載したのであろう。

そして「烏奴国《うど》」が倭国二十国の最後に記載されたのは、時計回りの最後に記載された「烏奴国」が、魏志倭人伝に旅程地として記載された「奴国《どこく》」に接していたためである。すなわち「烏奴国」が存在した地域は、旧筑前国の上座《じょうざ》郡・下座《げざ》郡・夜須《やす》郡・御笠《みかさ》郡辺りに位置した倭国であると考えられる。

「烏奴国」の「烏《う》」はカラスの意味であるが、古くは鳥類一般を包含していた。この地域は、筑後川と宝満川が合流しており、巨大な湿地帯を構成していた。その湿地帯には、水鳥や渡り鳥をはじめ多くの鳥類が飛来して生息していたであろう。

魏使を迎えた倭人は、この地域の特徴的な国柄を「鳥の国であり農耕の国」と説明し、魏の書記官はこれを「烏奴国」と書き記したであろう。

次頁に、国土地理院ウェブサイトの地勢図（空中写真表記）を背景図に、邪馬台国《やまたい》・奴国《どこく?なこく?》・不彌国《ふみ》・烏奴国《うど》・支惟国《きい?きたい?》の比定地候補を掲載する。

福岡平野地方は、倭国その他二十国のうち、三番目に記載された伊邪《いや?》国と表記された国が位置していたのではと推定している。

後年、日本書紀の神功皇后《じんぐうこうごう》摂政記に「烏奴国」を象徴していると思われる記述がある。土蜘蛛征伐に筑前国に出陣した神功皇后は、筑前国南部に本拠を置く「羽白熊鷲《はじろくまわし》」という土蜘蛛《つちぐも》と交戦する。この羽白熊鷲には背中に翼があり、空高く飛び上がったという。羽白熊鷲の翼で生じたつむじ風で、皇后の笠が飛ばされたため、この地を御笠《みかさ》郡と名付けたという。また羽白熊鷲を討ち取り神功皇后の心が安らいだため、この地を夜須《やす》郡と地名縁起された。魏志倭人伝の「烏奴国」

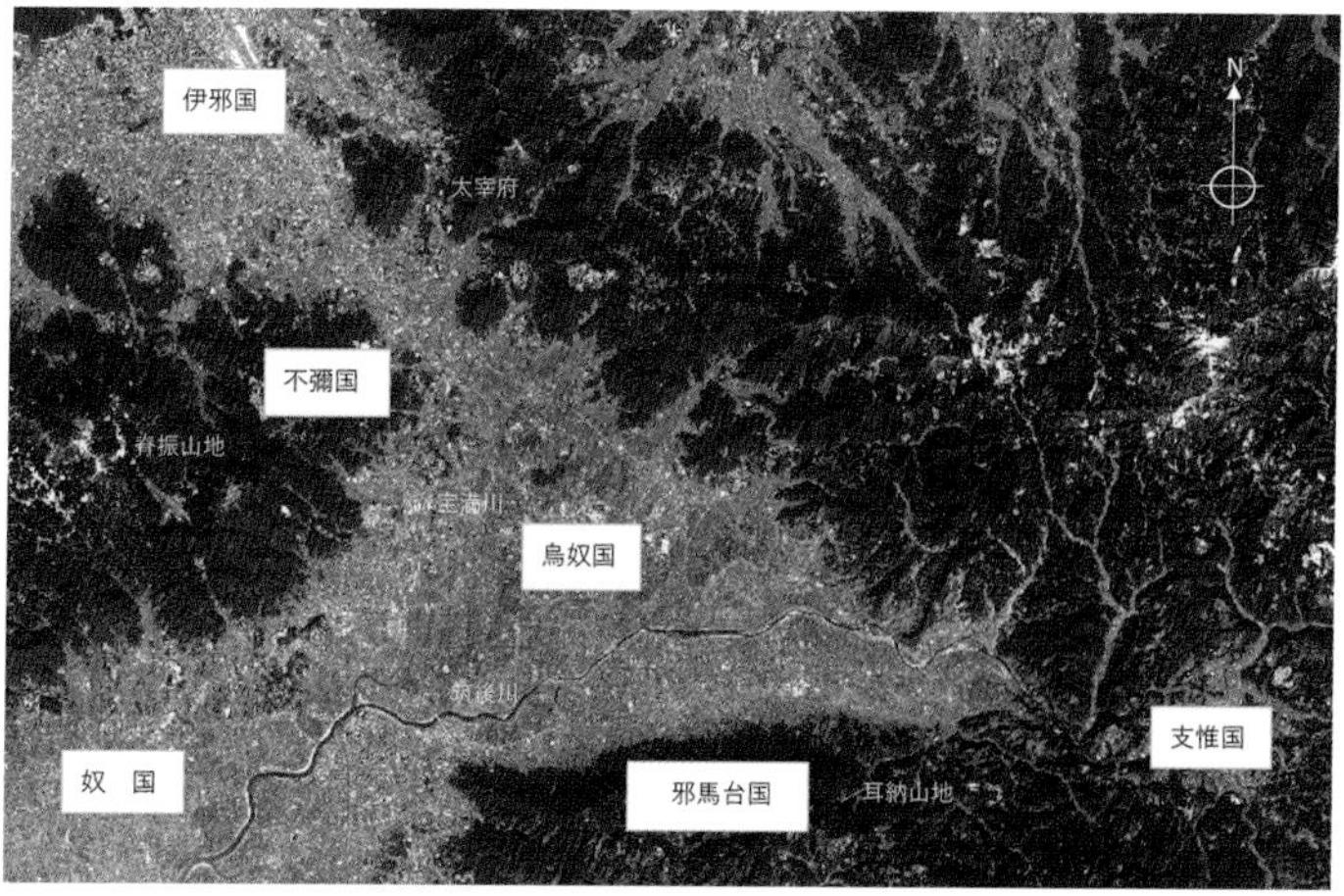

出典：国土地理院ウェブサイト（https://mapps.gsi.go.jp/maplibSearch.do#1）

地図データに文字・記号・線を著者が記入して作成。

を想起させる逸話である。

前述から「烏奴国」の前に記載された「支惟《きい?》国」の位置も比定が可能となる。烏奴国比定地の東に位置する日田《ひた》盆地を中心として天《あま》ヶ瀬・杖立《つえたて》地域を含む山国であったろう。「支惟国」の「支」は、古代では「キ」と発音していた。魏志倭人伝では、壱岐《いき》島のことを「一大国」と書き記しているが、これは「一支《いき》国」の誤りとしている。隋書倭国伝でも、都斯麻《つしま》国→一支《いき》国→竹斯《ちくし》国との順番で記して「支」を「キ」と発音している。つまり「支惟国」は「キイ国」と発音していたと考えている。

だが、私は「支惟《きい》国」の「惟《い》」は、「堆《たい》」の字の誤記ではないかと考えている。「支堆《きたい》国」が本来の記述であり、この字が後の「日田《ひた》国」へと繋がったのではないだろうか。

倭人による倭国二十九国の合理的な位置関係の説明により、魏使梯儁《ていしゅん》一行は、北部九州に位置した倭国三十国全体のイメージを把握することが出来たのであり、帯方太守弓《きゅう》遵《じゅん》への報告書に、絵図面などを添えて書き記して提出したと推定できる。

三、魏志倭人伝以後の中国正史に記述された倭国・邪馬台国

魏志倭人伝以降、中国の正史に倭国（邪馬台国）の記述がみられるのは、

後漢書倭伝
晋書四夷伝・倭人
宋書倭国伝
隋書倭国伝

の四書が主要な位置を占めている。

編纂年月日は、

①後漢書倭伝……………著者：南朝宋の范曄《はんよう》（三九八－四四五）
②宋書倭国伝……………著者：南朝梁の沈約（四四一－五一三）

③晋書四夷伝・倭人……著者：唐の房玄齢（五七八－六四八）
④隋書倭国伝…………著者：唐の魏徴（五八〇－六四三）

の順に編纂されており、歴代王朝の成立は後漢↓魏↓晋↓宋↓隋の順であり、中国正史の編纂順序とは矛盾する。

①後漢書倭伝での邪馬台国記述について

魏志成立の後、後漢書倭伝が編纂されたが、その成立年代は南朝宋の時代である。記載内容は、習俗などは魏志の内容を踏襲するものであるが、「奴国」と「邪馬台国」について注意を引く記述がある。

まず「奴国」について、「建武中元二年倭奴國奉貢朝賀使人自稱大夫倭國之極南界也」（和訳：後漢の光武帝の建武中元二年〈五七年〉、倭奴国、奉貢朝賀す。使人自ら大夫と称す。倭国の極南界なり）と書き記している。つまり、後漢書倭伝によれば、倭奴国は後漢に朝貢した倭国において、一番南側に位置していると述べているのである。倭奴国を福岡平野辺りに存在したと比定した場合、前記の記述と矛盾することになる。またこの後漢時代の倭奴国が、二百年後の魏時代の奴国と同じ倭国かどうかも判然としない。

江戸時代の天明四年（一七八四年）二月二十三日に、福岡藩那珂《なか》郡の商人だという甚兵衛（素性不明。存在が疑われている）なる者が、「漢委奴國王」と刻印された金印を志賀島にて発見したとしている。経緯は、甚兵衛が、志賀島在住の秀治・喜平という農夫二人を雇用して水路の改修作業をしていたところ、二人で持ち上げるほどの大石が出現した。この大石をカナテコで持ち上げたところ、石の間から光る金印が出土したという。甚兵衛らは、この金印を志賀島村庄屋長谷川武蔵に届け、長谷川武蔵は、秀治・喜平の口上書を取って三月十六日那珂《なか》郡奉行津田源次郎宛に金印とともに届け出たとされる。

この那珂郡奉行《なかごおりぶぎょう》津田源次郎という人物は、福岡藩の上士の出身で、この時席田《むしろだ》郡・那珂《な》郡・御笠《みかさ》郡・夜須《やす》郡の四奉行職を兼任していた。言うなら福岡平野の東半分の政治・軍事・民政部門を所管していた事になり強大な権力を保持していた。

津田源次郎は、金印発見の十二年前の明和九年（一七七二年）九月に、志摩《しま》郡・怡土《いと》郡の奉行職に新進気鋭の奉行として任命されている。彼は、この両郡で、疲弊した農村の復興と灌漑事業にその力量を示し実績を上げた。だが赴任後の僅か一年後、安永二年（一七七三年）六月に夜須郡奉行として転任し、その後四奉行職を兼任した。

また津田源次郎は、漢学を通じて亀井南冥《かめいなんめい》と深い親交を築き上げ、亀井南冥とは刎頸《ふんけい》の

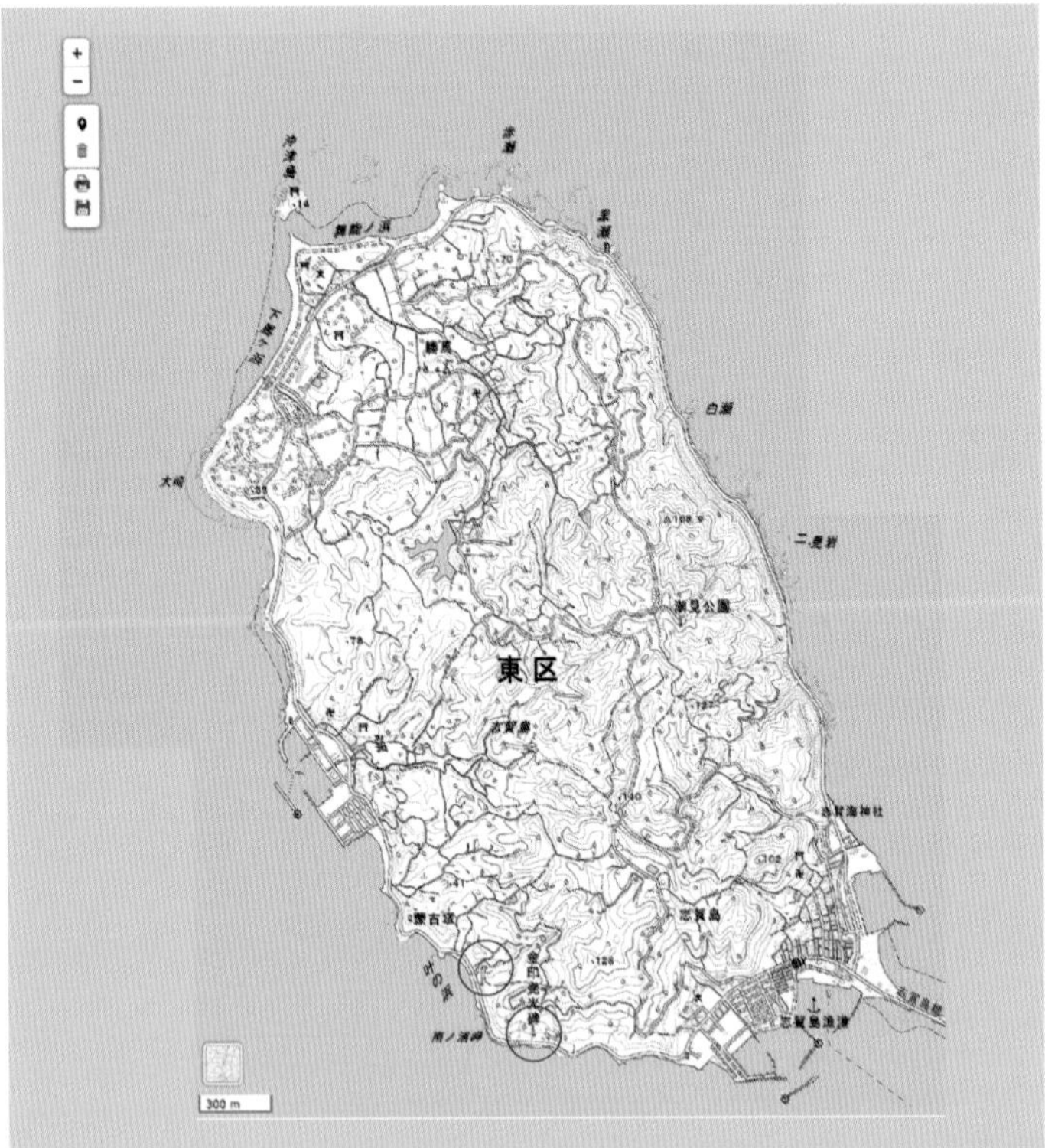

志賀島金印発見推定地

出典：国土地理院ウェブサイト（https://mapps.gsi.go.jp/maplibSearch.do#1）

地図データに文字・記号・線を著者が記入して作成。

友でもあったという。怡土郡・志摩郡奉行の赴任先の官舎は、姪浜《めいのはま》の西に位置する今宿《いまじゅく》に置かれていた。亀井南冥はこの年、脇山氏の娘と結婚しており姪浜《めいのはま》の実家に居住していた。姪浜と津田源次郎の赴任先の官舎今宿は目と鼻の先であり、二人は日常的にも交流があったのではと思われる。あるいは亀井南冥の婚儀の際、来賓筆頭として披露宴に出席していた可能性もある。亀井家にとって、怡土郡・志摩郡の奉行を兼任していた津田源次郎が、南冥の婚儀に出席したとすればこの上ない名誉な事であったろう。

志賀島で発見された後漢の光武帝が漢倭奴国王に下賜したという「金印」は福岡藩に献上され、天明四年（一七八四年）二月一日に藩校として認められていた甘棠館《かんとうかん》の館長亀井《かめい》南冥《なんめい》により「本物」であると鑑定された。亀井南冥は全国の学者・研究者に、後漢時代の金印が福岡藩内志賀島にて発見され、鑑定した自分の功績として通知している。これにより亀井南冥の名声を挙げるとともに、福岡藩の名前をも世に知らしめることとなった。

福岡藩には、他に藩校として修猷館《しゅうゆうかん》が認可されていたが、館長竹田定良をはじめこれといった鑑定は行っていないようである。

ただこの金印については、発見当時から贋物《がんぶつ》ではないかとの疑惑が付き纏っていたが、著者も後世の贋造品《がんぞうひん》ではないかと考えている。以下にその理由を箇条書きにして述べる。

①まず歴史上の大発見をしたというのに、藩庁の対応が不可解である。福岡藩お抱えの漢学者亀井南冥が金印を後漢時代の本物と認めたのなら、藩庁はすぐに発見場所の現状保存をすべきであるがそれを実施した形跡が見られない。藩庁としては、那珂郡奉行津田源次郎に命じて発見場所周辺を立ち入り禁止とし、副葬品や埋蔵品が他にないか捜索する手立てが必要であった。また金印が隠されていた礎石や覆いとなっていた大石も保存されなければならなかった筈である。この手立てをしていたならば、発見場所が後世特定できないなどという不手際は発生しなかったのである。金印の発見という歴史的な出来事にもかかわらず、一連の福岡藩庁の鈍重とも思われる対応は、金印の真贋の疑義を惹起《じゃっき》するものである。

②現在、志賀島は海の中道により九州本土と地続きであるが、古代一世紀の当時は船を使ってしか往来できなかった。それは当時の海水面は現在の海水面より七、八メートルも高かったからである。

金印発見場所は現在の金印発光記念碑箇所と、その北叶《かな》の岬《みさき》付近の二カ所のどちらかであるとこれまでは推定されてきた。しかし、この二カ所とも標高は七メートル以下であるため、少なくとも三世紀くらいには海の底であった。つまり「金印の埋蔵者」は、中世以降ならともかく古代においては、この推定地に金印を埋蔵出来なかったのである。

事実、福岡市により一九七三年（昭和四十八年）に金印発光記念碑付近のトレンチ調査が、一九九五年（平成七年）に金印発光記念碑の北、叶の岬付近の低地水田のトレンチ調査を行っているが、干潟《ひがた》（ラグーン）であったとの痕跡が確認され、いずれからも特段の遺跡・遺物は発見されていない。金印が埋蔵されていたという礎石や大岩の痕跡も発見されなかったのである。

③この志賀島で発見された金印の読み方は、「漢の倭《わ》の奴《な》の国王《こくおう》」とされている。この読み方なら、後漢の光武帝が倭王に金印を授与したのではなく、倭国を構成する一国である奴国王に金印を与えたことになる。また読み方の異論として、「漢の委奴《いど？わど？》国王」とする主張もある。

はたして中国皇帝が、倭の一陪国《ばいこく》に過ぎない奴国王《どこくおう》や委奴国王《いどこくおう》に金印を与えることがあるのであろうか？　仮に印綬を与えるとしても、倭王の臣下や倭国を構成する一国に与えられる「銀印」ではないのか？　また、金印に卑字である「奴」の文字を刻印して倭王に下賜することが有り得るのであろうか？　さらに「國王」の字を刻印したのも不自然さを感じる。

後漢の光武帝が、東夷の倭国を支配する倭王に金印を与えるならば、「漢倭王印《かんのわおういん》」

か「倭王之印《わおうのいん》」はたまた「親漢倭王《しんかんわおう》」の四文字での刻印でなければ理屈に合わない。親の文字は「親任」という意味であり、中国皇帝が倭王に任命したという文字である。ちなみに、魏の少帝が邪馬台国の卑弥呼に与えたという金印は、「親魏倭王《しんぎわおう》」と刻印されたと魏志倭人伝に記録されている。「漢委奴國王《かんのわのなのこくおう》」という表記には疑問を挟まざるを得ない。

後漢書倭伝の記述「建武中元二年**倭奴國**奉貢朝賀使人自稱大夫倭國之極南界也」に通じた何者かが、そのまま「漢委奴國王」と短絡的に刻印して贋物を作成したのではとも推定できる。「倭」の文字を「委」としたのは、贋物にはわざと傷をつけるという贋物作製手法を実践したのではという意見も存在する。

④実は著者もこの金印を目にしたことがある。今から三十年ほど前、京都国立博物館で国宝展が開催されたが、その際に「志賀島の金印」が七支刀や銅鐸などとともに出展されていた。

出品された金印は本物であったかレプリカであったか記憶が定かでないが、思いの外小さかったことや、とても千六百年間も野外に放置されていたとは思えないほど光り輝いていた。また金印の鈕《つまみ》が蛇をあしらった蛇鈕《じゃちゅう》ということであったが、私にはどう見ても四つ足の動物にしか見えなかった。金印を作製したのは後漢の官立工房であり、熟達した冶金技術者が不出来な蛇鈕をそのままに金印を光武帝に献上し、なお「漢委奴國王」に除正・下賜したとは思えない。中国皇帝の威信にかかわるではないか。このことからも、「志賀島の金印」は贋物ではないかと推定されるのである。

⑤そして最大の疑問点は、この金印発見が5W1Hの原則を満たしていないことである。5W1Hは、情報や事象を正確に伝達する手法として使われる。5W1Hは、When（いつ）・Where（どこで）・Who（だれが）・What（何を）・Why（なぜ）・How（どのように）の六項目である。

今、志賀島金印の埋蔵者と事象について、5W1Hの項目で考察する。

まずWhen（いつ）についてだが、埋蔵時期については全く解明されていない。元々後漢光武帝の「漢委奴國王」の印綬の記述は、後漢書倭伝に「光武賜以印綬」（和訳：後漢の光武帝は、印綬を倭王に与えた）の記載のみである。日本側の歴史書や書物には一切記述されていない。そして、埋蔵者が何時志賀島に金印を埋蔵したのかも判然としないのである。

次にWhere（どこで）であるが、志賀島の何処で発見されたかも不明なのである。伝承では志賀島金印発光記念碑が建立されている付近とか、叶の岬周辺とか言われているが、埋蔵されていたという痕跡がないのである。金印の届出を受けたとされた那珂郡役所も福岡藩庁も、金印発見場所の保存や捜索も行っていない。それどころか、福岡藩の役人や二つの藩校である甘棠館《かんとうかん》の亀井南冥や修猷館の竹田定良らも、現地に行って発見場所を確認したという形跡すらない。

三番目のWは、Ｗｈｏ（だれが）であるが、これも一切記録がない。埋蔵者の記録や素性も判明していない。

四番目のWは、Ｗｈａｔ（何を）であるが、これだけは「漢委奴國王」と刻印された金印であるとかろうじて満たしている。

五番目のWは、Ｗｈｙ（なぜ）であるが、どういう理由で志賀島に金印を埋蔵したのかその理由や事情も不明なのである。どういう事情や経緯があって、埋蔵者が金印を志賀島に埋蔵しなければならなかったのか、全く解明されていない。

そして最後のHはＨｏｗ（どのように）であるが、これも不可解である。日本の歴史書に金印の記述や埋蔵の記録がないことから、埋蔵された時期は倭国がまだ文字を持たない弥生時代後期か古墳時代前期と思われる。

この時代には海水面は現在より七メートルも八メートルも高かったという。ならば志賀島には船で行くしかないが、金印発光記念碑付近も叶の岬周辺も当時は海水面以下であった。また山の斜面は急傾斜で海面まで落ち込んでおり、海岸は荒磯の形状であった。このような海岸に船で乗りつけ、大岩を何らかの道具で持ち上げ、その下に金印を隠すなど不可能である。

前述したように、5W1Hの原則の内、What（何を）に該当する志賀島発見金印の項目以外は何も解明されず、合理的な説明がつかないということから結論は明確である。それは志賀島において金印を発見したという主張は、何者かが築き上げた虚構であったということであろう。

参考に、志賀島で発見されたという金印と中国雲南省で発見された滇王《てんおう》の金印の画像を掲載する。

志賀島金印は後漢光武帝時代（五七年）の作とされ、滇王《てんおう》の金印は前漢武帝の紀元前一〇九年の作とされており、作製年で百六十六年の開きがある。

滇王《てんおう》の印の作製年月日が古いが、蛇鈕《じゃちゅう》については滇王の金印の方が写実的である。滇王の印の蛇鈕は、その地肌がより金属的で蛇の紋様の質感を良く表現して刻印されている。

対して志賀島金印は、まるで哺乳動物（牛・犬・羊・ラクダなど）の巻き毛のような紋様である。大韓民国京城《ソウル》の光化門《こうかもん》に高麗犬《こまいぬ》の石像が残されているが、丸く巻き毛が刻印さ

志賀島発見金印

滇王の印

出典：福岡市博物館ホームページ公開資料
画像データをトリミングして掲載。

れている。志賀島発見金印の蛇鈕の紋様は、この高麗犬の刻印とよく似ている。志賀島金印の不出来具合が際立っている。

またこの金印の使い方は、現代のように印に朱肉を塗布して紙などに押印したものではないという。

各蛮国の王に除正された王は、自国より中国皇帝に朝貢する品々を梱包した荷物について、確実に送付する目的で封印するために利用した。梱包された朝貢品の封印部に蜜蠟《みつろう》や上質の粘土・漆喰《しっくい》を垂らして封印し、その上に金印で押印して検印したのである。

先に記載した「滇王《てんおう》之《の》印《いん》」は、四

光化門高麗犬画像

出典：ピクスタ株式会社保管画像。著者にて購入。
写真データをトリミングして掲載。

文字と少ないこと、一寸四方（約二・四センチ）の大きさの金印に十分な余白を残して作成されており、文字を明瞭に残すため「平彫」という手法で作成されている。この作製手法は金印の使用の目的からも理にかなっている。

対して、「志賀島金印」は、一寸四方の大きさに五文字と詰め込みすぎており、刻印された線が細く繊細すぎる。また周囲の余白も少なく、封印する目的で蜜蠟や粘土・漆喰に押印した場合、刻印法が薬研彫《やげんぼり》でもありその印影も耐久性も確保できないと思われる。朝貢品を倭国から後漢の都洛陽に送付するには、最短でも二カ月はかかると思われるが、旅程の途中で封印が摩滅しそうである。

滇王《てんおう》の金印「滇王之印」のように、四文字「倭王之印《わおうのいん》」とするか、あるいは「漢倭王《かんのわおう》印《いん》」また「親漢倭王《しんかんわおう》」との刻印で作製下賜するほうが現実的で真実性がある。

金印発見とその鑑定を行った亀井南冥《かめいなんめい》については後日談がある。天明四年（一七八四年）の甘棠館《かんとうかん》の開校後から八年後の寛政四年（一七九二年）、突如館長亀井南冥は館長職を罷免される。罷免理由は、亀井南冥が依頼を受けた太宰府石碑文面について藩庁の不興を買ったということのようである。だが、私には「志賀島の金印発見」とその鑑定、そして那珂郡奉行津田源次郎らとの危うい交友関係が罷免の要因となったのではと思えてならない。

そしてさらに亀井南冥罷免の六年後の寛政十年（一七九八年）に、甘棠館は廃校となるのである。

対して、もう一つの藩校「修猷館《しゅうゆうかん》」は現代まで福岡県立修猷館高校として存続しており、福岡県内でも屈指の進学校として重要な位置を保ち続けている。

以上の理由により、志賀島から発見された金印について多くの疑念が生じており、その真贋の程が現代でも論争される由縁である。

さらに、この志賀島の金印の発見により、福岡平野が後漢書倭伝にいう「倭奴国《わのなのこく》」であると事実上認定され、かつ魏志倭人伝にいう「奴国《なこく》」であると認定され現代に至っている。

もしこの志賀島の金印が本物でないなら、福岡平野を「倭奴国《わのなのこく》」あるいは魏志倭人伝による「奴国《なこく》」と認定した大前提が崩壊することとなる。

前述以外に、後漢書倭伝では「其大倭王居邪馬臺國（案今名邪摩惟音之訛也）」（石原道博氏和訳：その大倭王は、邪馬台国に居る。いま名を案ずるに邪摩《やまい》惟の音が訛《なま》ったものである）と記載している。

後漢光武帝の時代は倭国争乱の時代であり、未だ邪馬台国は倭国の盟主とはなっていなかった。おそらく魏志倭人伝を引用しての記述となったものであろう。

2 晋書四夷伝・倭人における倭国について

次に前記四書の内、「晋書四夷伝・倭人」では、西晋の武帝の泰始元年（二六五年）に倭王が複数回入貢したと記録されている。この泰始元年は、西晋の武帝（司馬炎）が魏の元帝曹奐《げんていそうかん》より皇位を禅譲（実質は簒奪）された年である。この西晋の建国にあたり、北部九州を統治していた倭王が速やかに朝貢したものと考えられる。

晋書四夷伝・倭人（抜粋）

「……………乃立女子爲王名曰卑彌呼宣帝之平公孫氏
也其女王遣使至帯方朝見其後貢聘不絶及文帝作相又數
至泰始初遣使重譯入貢」

現代訳（著者にて作成）

女子を立てて王となしたが、その名は卑弥呼という。宣帝（魏の将軍司馬懿仲達。宣王に除正）が、遼東半島に建国していた公孫氏を景初二年（二三八年）に討ち滅ぼした。魏が朝鮮半島を支配するため帯方郡を現在の京城《ソウル》付近に設置すると、女王卑弥呼は使いを帯方郡に遣わして朝見した。

その後も入貢は絶えなかった。文帝（魏の臣司馬昭）が魏の宰相になると、また数度朝見した。

泰始初年（二六五年）、西晋の武帝（司馬炎・文帝の子）のころ、倭王が使者を遣わして訳を重ねて入貢した。

泰始初年（二六五年）に西晋に入貢した倭王は、卑弥呼ではないことは明白である。卑弥呼は正始八年（二四七年）から正始九年（二四八年）にかけて死亡している。

この入貢した倭王が卑弥呼の宗女壹與《いよ?たいよ?》（台与）のことを指しているのかどうかも判然としない。壹與（台与）は、狗奴《くど》国との戦争に敗北したと見做《みな》されており、卑弥呼の死後十七年間邪馬台国を支配し倭王として君臨し続けたとは思えない。

邪馬台国名も卑弥呼名も壹與（台与）名すらなく、あまりにも素っ気ない記述には、邪馬台国滅亡以後に北部九州を支配した別系統の倭国が存在し、その倭国が西晋に朝貢したのではないかと想像させる。

そして、その後中国王朝と倭国の交流は途絶えることとなった。

③ 宋書倭国伝における倭の五王の記述について

倭国が中国王朝への朝貢を再開するのは、南朝宋の武帝の永初二年（四二一年）まで待たねばならない。いわゆる倭の五王の時代に中国王朝への朝貢が再開されたことになる。倭からの最後の入貢二六五年から再入貢する四二一年までの百五十六年間は、倭国が中国の正史に記録されない欠史時代となってしまう。

そして、魏時代の倭国での最重要国伊都国・不彌国・奴国・投馬国も中国の正史から忽然と消えてしまうのである。

この百五十六年間に、倭国では何が起こったのか？

宋書倭国伝に、四二一年以降の倭王と宋との交渉記録が残されている。箇条書きにて記述する。石原道博氏訳文に依る。西暦を追記し記述を一部省略した。

①高祖武帝の永初二年（四二一年）、倭王讃万里貢を修む。遠誠宜しくあらわすべく、除授を賜うべし。

②太祖文帝の元嘉二年（四二五年）、倭王讃、また司馬曹達を遣わして表を奉り方物を献ず。讃死して弟珍立つ。倭王珍は、自ら使持節都督倭・百済・新羅・任那・秦

韓・慕韓六国諸軍事、安東大将軍、倭国王と称し、表して除正せられんことを求む。詔して安東将軍・倭国王に除す。珍、また倭隋等十三人を平西・征虜・冠軍・輔国将軍の号に除正せんことを求む。詔して並びに聴す。

③太祖文帝の元嘉二十年（四四三年）倭国王済、使いを遣わして奉献す。また以て安東将軍、倭国王となす。

④太祖文帝の元嘉二十八年（四五一年）倭国王済を、使持節都督倭・新羅・任那・加羅・秦韓・慕韓六国諸軍事を加え、安東将軍は故《もと》の如く、ならびに上《たてまつ》る所の二十三人を軍郡に除す。済死す。世子興、使いを遣わして貢献す。

⑤世祖孝武帝の大明六年（四六二年）、詔していわく、「倭王世子興、奕世戴ち忠、藩を外界に作《な》し、化を稟《う》け境を寧《やす》んじ、恭《うやうや》しく貢職を修め、新たに辺業を嗣《つ》ぐ。宜しく爵号を授くべく、安東将軍・倭国王とすべし」と。興死して弟武立ち、自ら使持節都督倭・百済・新羅・任那・加羅・秦韓・慕韓七国諸軍事、安東大将軍、倭国王と称す。

⑥順帝の昇明二年（四七八年）、倭国王武は使いを遣わして表を上る。いわく、「封国は偏遠にして、藩を外に作す。昔より祖禰躬ら甲冑を擐き、山川を跋渉し、寧処に遑あらず。東は毛人を征すること五十五国、西に衆夷を服すること

六十六国、渡りて海北を平ぐること九十五国。……」と。

詔して武を使持節都督倭・新羅・任那・加羅・秦韓・慕韓六国諸軍事、安東大将軍、倭国王に除す。


宋書倭国伝の記述によれば、大和政権による倭国統一が四二一年までに完了して、南朝鮮の新羅《しらぎ》・任那《みまな》や百済《くだら》などの諸韓国も倭の冊封体制《さくほうたいせい》に組み込まれていたことを示している。

また中国の正史ではないが、朝鮮高句麗《こうくり》の広開土王碑《こうかいどおうひ》に、中国東晋太元十六年（三九一年）に倭が朝鮮半島に出兵し、広開土王《こうかいどおう》が撃退したとの記録が刻まれている。この事蹟により、さらに遡って西暦三九一年までには大和政権によって倭国が統一され、強力な武力を背景に朝鮮半島南部の新羅・任那・百済などの諸韓国を服属させるべく朝鮮半島に出兵したと推測できる。

おそらく三世紀の中頃から四世紀の中頃にかけて、畿内で多くの豪族を統合した大和勢力が、東日本・近畿・中国地方、四国、九州を併合したのであろう。

宋書倭国伝での倭王武の上奏文「東は毛人を征すること五十五国、西に衆夷を服すること六十六国、渡りて海北を平ぐること九十五国」の記述から、東は佐渡・新潟・長野・茨城・埼玉・東京・千葉辺りまでを征服し、西は吉備・出雲・長門など中国地方と四国・九州までを併呑したことを表している。また「渡りて海北を平ぐること九十五国」の記述から、朝鮮半島の南部をも征服し、時の中国王朝にその宗主権を承認するよう求めていたことが読み取れる。

これらの地域は、後年の日本の正史日本書紀神代紀の国産みの記述や日本統一の記述とほぼ一致している。

日本書紀の神代紀では、伊弉諾尊《いざなぎのみこと》と伊弉冉尊《いざなみのみこと》は、淡路洲《あわじしま》（淡路島）→大日本豊秋津洲《おおやまととよあきつしま》（近畿地方）→伊予二名洲《いよのふたなのしま》（四国）→筑紫洲《つくしのしま》（九州）→億岐洲《おきのしま》（隠岐島）→佐渡洲《さどのしま》（佐渡島）→越洲《こしのしま》（北陸）→大洲《おおしま》（瀬戸内海の大三島か？）→吉備子洲《きびのこじま》（中国地方）→対馬嶋《つしましま》・壱岐嶋《いきのしま》の順で国産みをしている。この二柱《ふたはしら》の神は、最初に国産みした淡路島に安住しているのである。

大和政権の歴代天皇は、国産みの最初の島「淡路洲」に行幸や狩りで再々訪れている。また罪を犯した皇族などをこの島に流罪《るざい》としたり、また蟄居《ちっきょ》させている。大和政権は淡路島を自らのホーム・グラウンドのように扱っており、特別な存在であったことを窺わせる。

これらの記述から、大和政権の発祥地は淡路島にあり、その後大和地方の豪族と融合して大和政権を打ち立てたようにも見える。おそらく淡路島と大和地方には大きな繋がりがあったのであろう。

また国産みの八番目に記述された大洲《おおしま》がどの地域か明確ではないが、淡路島と並んで瀬戸内海航行の重要地であった大三島《おおみしま》ではないだろうか。大三島には推古天皇によって大山《おおやま》祇神社《づみじんじゃ》が創建されている。大山祇神社は伊予国の一宮神社であり、戦いの神であるとともに瀬戸内海航行の安全を司る神社であるため、歴代の大和朝廷や為政者・権力者たちの崇敬を集めていた。

日本書紀の編纂者たちが国産みの説話として、推古天皇と聖徳太子がその創建に大きく関わったとされる大三島神社を強く意識したとしても不思議ではない。大洲は大三島であると強く比定したい。

倭の五王の記述から、日本書紀の編纂者たちは、北陸を含む西日本地方を大和政権の支配地と考えていた事になり、これらの地域は大陸からの通商ルートであるとともに大陸文明の到達点でもあった。

さらに深掘りするため、倭の五王と日本書紀に書かれた大和朝廷の天皇系譜を記載する。この図表で、倭の五王の「珍《ちん》」と「濟《せい》」は兄弟なのか父子関係なのかは、宋書倭国伝には記載されていない。仮に、珍と濟が兄弟とすると、日本書紀における仁徳《にんとく》天皇から雄《ゆう》略《りゃく》天皇までの系譜と一致する。

倭の五王について、讃《さん》は履中《りちゅう》天皇、珍《ちん》は反正《はんぜい》天皇、濟《せい》は允恭《いんぎょう》天皇、興《こう》は安康《あんこう》天皇、武《ぶ》

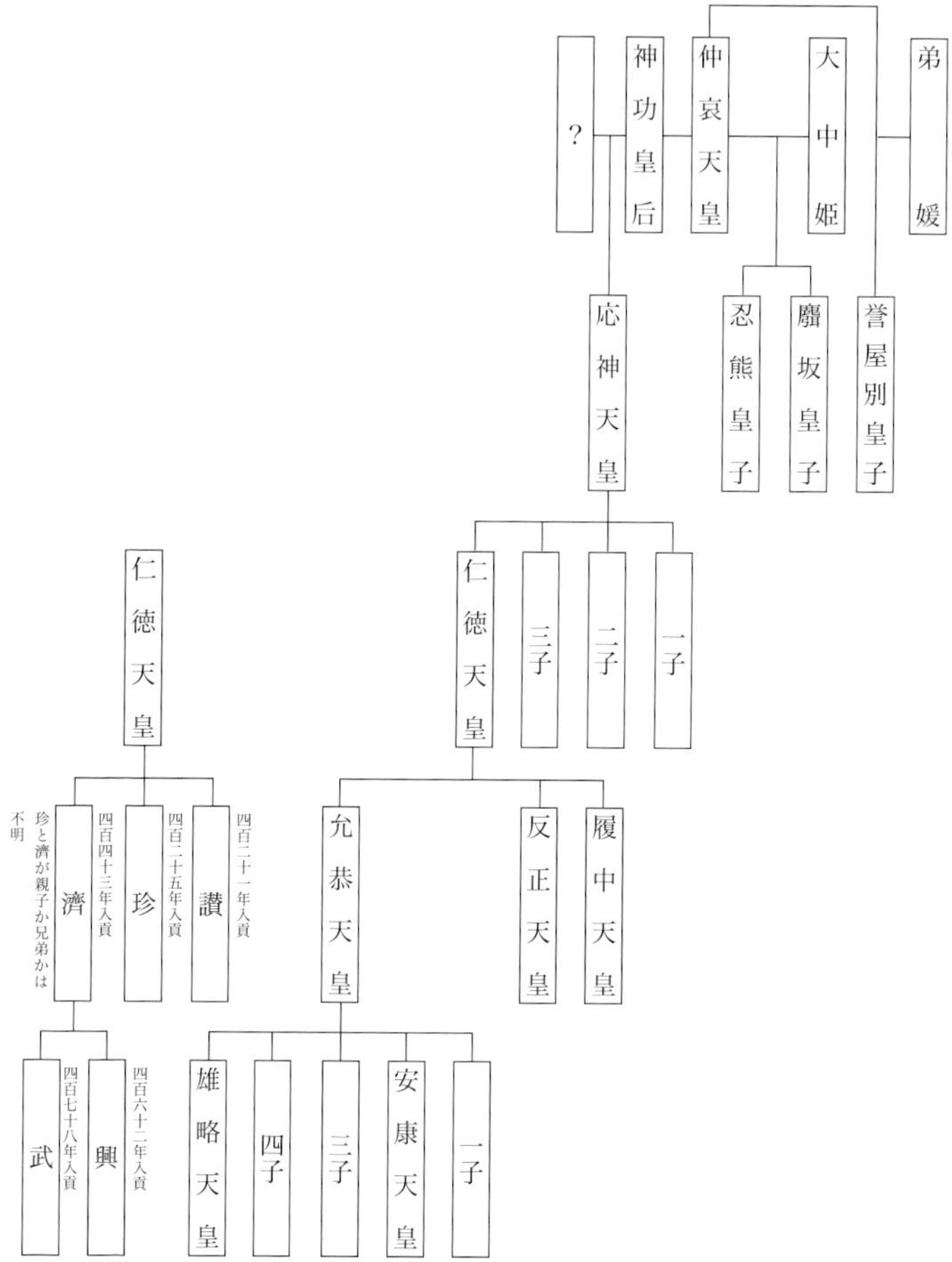

宋書倭国伝の倭五王と日本書紀帝紀の対比表

は雄略《ゆうりやく》天皇と比定することに妥当性が認められる。

宋書倭国伝の倭王武（雄略天皇）の上奏文に、「昔より祖禰躬《そでいみずか》ら甲冑を擐《つらぬ》き、山川を跋《ばっ》渉《しょう》し、寧処《ねいしょ》に遑《いとま》あらず、東は毛人《けにん》を征すること五十五国、西は衆夷《しゅうい》を服すること六十六国、渡りて海北を平ぐること九十五国」と記《しる》している。

ここにいう祖禰《そでい》は、雄略天皇から遡《さかのぼ》って応神朝の始祖応神天皇（曽祖父）・仁徳天皇（祖父）・履中天皇（叔父）・反正天皇（叔父）・允恭天皇（父）・安康天皇（兄）の六天皇を指していると思われる。

そして、一九七八年に埼玉県稲荷山古墳から出土された鉄剣の銘文に、雄略天皇の和名「大泊瀬幼武天皇《おおはつせのわかたけのすめらみこと》」を表す「獲加多支鹵大王《わかたきるのおおきみ》」の名が刻印されていたことは、五世紀には大和政権の支配が埼玉県付近まで及んでいたことを証明しており、倭王武の上奏文が正しかったことを示している。

ここで倭の五王の在位期間を考察するに、倭王讃が南宋に入貢したのが四二一年であり、倭王武の入貢が四七八年である。この間、五十七年間に讃・珍・濟・興の四人の倭王が在位しており、これら四人の倭王の在位期間平均は十四年となる。当時の大王の平均寿命は短く、大王に即位した五王は、即位とともに南朝宗の皇帝から倭王の除正を受けるため速やかに使いを宋国に派遣したであろう。このことからも入貢年月日と即位年月日には一年程度の誤差があると推定されるが、入貢年月日で考察しても平均在位期間の計算には大きな相違はないと判断した。

今、応神天皇と仁徳天皇についても、この平均在位期間を約十五年として即位年月日を計算すると、仁徳天皇の即位年は四〇三年前後、応神天皇の即位が三八八年前後となる。

この在位期間にて考えると、高句麗の広開土王の時代三九一年に倭が朝鮮半島に出兵したと広開土王碑に記録されているが、朝鮮半島に出兵し高句麗と交戦した倭王とは応神天皇ということになる。

次頁に、古代天皇の即位年推定表を掲載する。

西暦とリンクしている事象を基礎に、一天皇の在位期間を十五年として、在位暦年を推定している。

また、日本書紀応神天皇の条に、百済王辰斯王《くだらおうしんしおう》（在位三八五〜三九二年）の殺害の経緯が書き記されている。応神天皇三年の記述であるが、

「この歳（三八五年）百済の辰斯《しんし》王が即位したが、倭国の天皇に礼を失した。
それで応神天皇は、紀角宿禰《きのつのすくね》・羽田矢代宿禰《はたのやしろのすくね》・石川宿禰《いしかわのすくね》・木菟宿禰《つくのすくね》を遣わして礼を失した態度を責めさせた。これにより百済国は辰斯王を三九二年に殺害して謝罪し

古代天皇系譜の推定表

	西暦	中国暦	事　柄	備　考
邪馬台国	238	景初２年	倭の女王卑弥呼、大夫難升らを魏に遣わす	
	239	景初３年	倭の女王卑弥呼、魏に朝貢する	
	240	正始元年	魏の少帝、梯儁を邪馬台国に遣わす	
	243	正始４年	倭王、魏の少帝に朝貢する。	
	245	正始６年	魏の少帝、黄幢を賜う	
	248	正始８年	魏の少帝、張政を伊都国に派遣する	
	249？	正始９年	卑弥呼死す	
	250	正始10年	倭国争乱。卑弥呼の宗女台与13を女王に推戴する。	
	251？	正始11年		狗奴国が邪馬台国を征服?
狗奴国王	265	泰始１年	倭王が、訳を重ねて西晋に朝貢する。邪馬台国でも大和朝廷でもない。	狗奴国の王が、北部九州を統一して朝貢したと推定
崇神	293?	平均在位15年 ×６代 在位９０年	崇神天皇の即位。大和朝廷の祖。	北陸、東海、西道、丹波に四道将軍を派遣。 箸墓古墳由来。出雲地方の征服。狗奴国を平定。
垂仁			垂仁天皇の即位	纏向に都を設置。
景行			景行天皇の即位	美濃に行幸。筑紫への行幸。 土蜘蛛・熊襲・隼人征伐。日本武尊の熊襲征討と東征。
政務			成務天皇の即位	武内宿禰を大臣とした。 国郡に造長、県邑に稲置を設置。
仲哀			仲哀天皇の即位	熊襲征討。御笠郡で土蜘蛛に敗北・戦死か？
神功			神功皇后摂政を行う	土蜘蛛征伐。三韓征伐。応神天皇の大和入りに際して腹違いの子達と争い、その後大和に入った。
応神天皇	383?	応神朝の始祖		筑紫の蚊田（宇彌町？御井郡賀駄郷？）にて生誕 仲哀天皇が、三韓を授けたと記述あり。
	384			
	385		応神天皇3年、百済王辰斯王即位する。	
	391		朝鮮半島に出兵。高句麗広開土王石碑に記述。	
	392		百済王辰斯王、応神天皇に弑逆される。	
		応神・仁徳で 在位期間３６年		
仁徳天皇			応神天皇の後を相続する	新羅人、朝貢する。高麗（高句麗）が朝貢する？ 百済に使いして、国郡の境を決める。 新羅が朝貢しなかったため、新羅を討つ。 蝦夷が背く。
	418			
履中天皇	419？		倭王讃、仁徳天皇の後を襲う	
	420	永初１年		
	421	永初２年	倭王讃、南朝宋に入貢する	
	422		除授を賜うべしと上奏する。	
	423			
反正天皇	424？	元嘉１年	倭王珍、履中天皇の後を襲う	
	425	元嘉２年	倭王珍、南朝宋に入貢する	
	426		使持節都督倭・百済・新羅・任那・秦韓・慕韓六国諸軍事	
	↓	１５年記載省略	安東大将軍・倭国王の除正を求む。	
			詔して安東将軍・倭国王に除す。	
	441			
允恭天皇	442？	元嘉19年	倭王濟、反正天皇の跡を襲う	允恭42年、允恭天皇が死す。
	443	元嘉20年	倭王濟、南朝宋に入貢する	新羅の王が、悔やみの調の船80艘及び種々の楽人
	444		安東将軍・倭国王に除す	80人を貢上する。
	↓	１６年記載省略	元嘉28年、使持節都督倭・新羅・任那・加羅・秦韓・慕韓六国諸軍事を追加で除正する。	
	460			
安康天皇	461？	大明5年	倭王興、允恭天皇の跡を襲う	
	462	大明6年	倭王興、南朝宋に朝貢する	
	463		安東将軍・倭国王に除す	
	↓	１３年記載省略		
	476			
雄略天皇	477？	昇明１年	倭王武、安康天皇の跡を襲う	新羅と結んだ高句麗軍を撃破。
	478	昇明２年	倭王武、南朝宋に朝貢する	紀小弓宿禰・小鹿火宿禰らに命じて、新羅を征討する。
	479		使持節都督倭・新羅・任那・加羅・秦韓・慕韓六国諸軍事	呉国から入貢する。
	480		安東大将軍・倭王に除正する。	雄略天皇20年、高句麗が百済を滅ぼす。
	↓			百済を復興する。

た。紀角宿禰等は、阿花《あくゐ》（三九二年即位）を立てて百済王として倭国に帰還した」と書き記されている。

前記、百済の辰斯王の即位年は西暦とリンクしていることから、応神天皇の即位年月日応神天皇元年は三八三年となり、統計学的に推定した三八八年即位とほぼ一致する。

他方日本書紀では、応神天皇の即位年は二七〇年としているが、中国の正史宋書倭国伝の倭の五王の入貢記述と百済記の辰斯王殺害記述を基に推定した応神天皇の即位年三八三年とに百十三年の開きがあることになる。

また神功皇后摂政期は、二〇〇年から二六九年まで在位六十九年に及んだとしているが、それならば応神天皇の即位時の年齢は六十九歳となってしまい実際的ではない。

摂政は皇太子が幼少であるため、成人して即位するための期間に政治を代行する制度でもある。多くは皇太子が十五歳以上くらいで天皇に即位するようである。

仮に神功皇后が摂政の任についたとしても、応神天皇が成人して即位するまでの十五歳から二十歳くらいまでの二十年間が限度であろう。日本書紀によれば応神天皇の即位は六十九歳で、天皇の在位期間は四十一年間となっているため、寿命は百十歳となりとても事実を反映しているとは思えない。

倭の五王以前、日本書紀における崇神天皇から仁徳天皇までの七代天皇（神功皇后摂政期を含めば八代）の寿命は長大である。参考に日本書紀での寿命を表にして記載する。

この表で、仲哀《ちゅうあい》天皇は筑紫の土蜘蛛《つちぐも》・熊《くま》襲《そ》征伐の折、香椎宮《かしいぐう》にて変死したとも、また土蜘蛛との戦いにて敗死したともされている。よって在位期間は九年、寿命も五十二歳と他の天皇と比較すると短命である。また仁徳天皇については、崩御の際の年齢記載がないが、在位が八十七年にも及ぶ事から寿命も百歳を超えていることが推察できる。

日本書紀編纂の目的の一つは、万世一系の天皇家の起源を、大中華である中国統一王朝の起源と並ぶ程に古く記述することであった。日本書紀の編纂局はこの目的から、大和朝

歴代天皇寿命

	天皇名	寿命	在位期間	即位年齢	記紀即位西暦年	西暦即位年月日	西暦在位期間	自然死 変　死
崇神王朝	崇神天皇	120	68	52	BC97	290？	92	自然死
	垂仁天皇	140	99	41	BC29			自然死
	景行天皇	106	60	46	71			自然死
	成務天皇	107	60	47	131			自然死
	仲哀天皇	52	9	43	192			変死
	神功皇后	100	69	31	201			自然死
応神王朝	応神天皇	110	41	69	270	383	37	自然死
	仁徳天皇		87	87	313			自然死
	履中天皇	70	6	64	400	419	6	自然死

廷の初代神武天皇の即位を、紀元前六六〇年とフレームアップした。中国を統一した初めての皇帝は秦《しん》の始皇帝《しこうてい》であるが、この皇帝の即位でも紀元前二二一年である。編纂局は、秦の始皇帝の即位よりも遥か古く紀元前六六〇年を神武天皇の即位年としたため、神武天皇から仁徳天皇以前の各天皇の寿命と在位年は、事実とかけ離れ百歳以上と長命にしてしまったのである。

参考になるかは分からないが、日本史において最高権力者が自然死にて即位・退位を繋いだのは、徳川幕府の三代将軍家光《いえみつ》から十四代将軍家茂《いえもち》までの十二代である。家光《いえみつ》の征夷大将軍の宣下《せんげ》が元和《げんな》九年（一六二三年）であり、家茂《いえもち》の死亡が慶応二年（一八六六年）である。この期間、二百四十三年間に十二人の将軍が任官しており、将軍の平均在位期間は二十年となる。

倭の五王時代の天皇の平均在位期間が十四年、それより千二百年時代が下がった江戸時代の征夷大将軍の平均在位期間が二十年となるが、この在位期間の差六年は果たして妥当なものなのか？

徳川時代の将軍は、大奥の側室や乳母《うば》の白粉《おしろい》による鉛中毒や、白米中心の食事により寿命を縮めたとされており、この千二百年間で平均の在位（寿命）期間が六年ほどにしか延びなかったというのは案外妥当かもしれない。むしろ江戸時代の庶民の平均寿命の方が長かったのではないだろうか。

少なくとも統計学的には、五世紀における倭の五王の在位が平均十四年であり、その祖先の仁徳天皇・応神天皇や崇神天皇までの八代について平均十五年在位で検討する事には妥当性があると思われる。

十五年在位期間で計算すると、実在したとみなされている大和朝廷初代崇神天皇の即位は二九三年ごろ、つまり三世紀末となる。

魏志倭人伝では、三世紀の倭国においては文字が無く、牛馬もおらず、往来する道は獣道に似た杣道《そまみち》であったという。弥生時代後期においては、倭国には統一国家は未だ存在せず、西日本各地に部族国家が多く割拠して勃興《ぼっこう》と衰退《すいたい》を繰り返していたと考えられる。

邪馬台国の卑弥呼が北部九州の倭国三十国の盟主に推戴《すいたい》されたように、大和地方においても部族国家の豪族たちが倭の大王《おおきみ》として崇神天皇を推戴して一大軍事力を形成し、周辺部族国家を征服して日本国家統一へ進んでいったと思われる。すなわち畿内大和地方に原大和政権という政治勢力が成立したのは西暦三世紀中の出来事と推定できる。

崇神天皇が本拠をおいたのは磯城《しき》（大和国城上《しきのかみ》・城下《しきのしも》郡）であり、箸墓《はしはか》の地名縁起による纒向《まきむく》にある箸墓《はしはか》古墳には三世紀中葉の遺物が数多く埋葬されていた。これらのことから崇神天皇を三世紀中葉の人物とし、事実上の大和朝廷の嚆矢《こうし》と考えることが出来る。

箸墓古墳は石室を持つ前方後円墳であるため、卑弥呼の墓である「槨《かく》」(石室)を持たない「冢《ちょう》」(塚)という魏志倭人伝の記述に合致せず、卑弥呼の墓ではないことは明白である。

また他の地方、出雲《いずも》・吉備《きび》地方においても、北部九州の邪馬台国や畿内の原大和政権と同時並行的に一大勢力が形成されたと考えられ、畿内大和勢力の拡張政策により順次征服されたものであろう。

崇神天皇記における大物主神《おおものぬしのかみ》(日本大国魂神《やまとのおおくにたまのかみ》・出雲大国主命《いずもおおくにぬしのみこと》)とその娘の太田田根子《おおたたねこ》の説話は、出雲地方を支配していた大物主神が大和政権により卑怯未練な謀殺に近い方法で殺害され、国土を簒奪《さんだつ》されて怨みを残して死んだ大物主神を鎮魂する物語である。

大和政権は、その始祖神天照大神《あまてらすおおみかみ》と大物主神《おおものぬしのかみ》を並べて宮中に祀っていたという事から、大和政権にとっても吉備・出雲地方は特別な地域であり、この国々の征服により大和政権は飛躍的な軍事力・経済力を獲得したと思われる。

特に蹈鞴《たたら》を使っての製鉄・精錬技術を手に入れ、鋼《はがね》による鉄剣や鏃《やじり》・矛《ほこ》などの武器を備えた大和政権の軍隊は、他の地域の軍事力を圧倒したであろう。それだけに怨みを残して死んだ大物主神の祟りを恐れていたということの証しでもあった。

二〇一四年十月五日、出雲大社禰宜《ねぎ》千家《せんげ》国麿《くにまろ》氏は、皇族高円宮憲仁親王《たかまどのみやのりひとしんのう》の息女典子《のりこ》女《じょう》

王《おう》を妻として迎えた。この婚儀により千七百年間続いた大和朝廷と出雲王朝との宿怨が漸《よう》く氷解した事になった。そう理解することが出来る。

④隋書倭国伝における邪馬台国の地勢と阿蘇山・鵜飼の記述について

宋書倭国伝以降に邪馬台国の記述が現れるのは、唐の時代に編纂された隋書倭国伝である。隋書倭国伝によれば、隋の高祖文帝の開皇二十年（六〇〇年）推古天皇八年に倭王姓阿毎《あめ》字多利思比孤《たりしひこ》（推古天皇）が隋の都大興《たいこう》（長安《ちょうあん》）に通交した。中国では女性の皇帝は認めていない。完璧な男尊女卑の制度が貫かれていた。

他方、倭国では女性の「大王《おおきみ》」を認めているし「二人統治」の制度を認めている。例えば、卑弥呼と男弟が統治した邪馬台国、神功皇后と応神天皇の母子統治、そして推古天皇と甥である聖徳太子の二人統治などである。祭礼を推古天皇が担当し、具体的な日本国統治は聖徳太子が担当した。中国王朝が女性皇帝を認めていなかったため、聖徳太子は推古天皇を兄と僭称《せんしょう》し、自らを弟として隋の高祖文帝に通交を行ったと考えられる。

「阿毎字多利思比孤號阿輩雞彌」という名称は、普通名詞であり固有名詞ではないと考えている。

阿毎字多利思比孤《あめたりしひこ》とは、「天の足し彦《あめたらしひこ》」あるいは「天の下し彦《あめたらしひこ》」と推定することができ、阿輩雞彌《おおきみ》は「大王《おおきみ》」を表している。つまり「倭の大王《わおおきみ》」との普通名詞で通交したと推定できる。隋の皇帝文帝が、女性の皇帝を認めていなかったためのやむを得ない手立てであったろう。

隋の初代皇帝文帝は、この倭国の二人統治を「此太無義理於是訓令改之」(石原道博氏和訳：これ大いに義理なし。ここにおいて訓えて之をあらためしむ)と諭《さと》している。

推古天皇の二回目の通交は、隋の二代目皇帝煬帝《ようだい》の大業三年(六〇七年)推古天皇十五年の時であり、煬帝は翌年文林郎裴世清《ぶんりんろうはいせいせい》を国使として倭国に派遣している。

この隋書倭国伝において、邪馬台国に係る興味深い記述が残っている。「其地勢東高西下都於邪靡堆則魏志所謂邪馬臺者也」(石原道博氏和訳：その地勢は東高くして西下り、邪靡堆《やびたい》に都《みやこ》する。則ち魏志のいわゆる邪馬台なる者なり)

邪馬台国の地勢について記述されたのは、これが唯一ではなかろうか。

邪馬台国は、東から西へ下っていく地勢と述べている。歴代中国王朝の史官所に、邪馬台国に係る地勢の記述資料が残っていたのかも知れない。あるいは魏使梯儁《ていしゅん》や軍事顧問塞曹掾史《さいそうえんし》張政《ちょうせい》は長期間伊都国に駐在していたため、倭国三十国の配置図や絵図を作成して報告書に添えて復命したかも知れない。

私は、邪馬台国の女王卑弥呼が居住したのは、耳納山地《みのうさんち》の西端標高三一二メートルの高良山付近と比定した。耳納山地は、地元では耳納連山《みのうれんざん》あるいは屏風山《びょうぶざん》と呼称される。

その最高峰は鷹取山《たかとり》(標高八〇二メートル)で、尾根は西に向かって下って行き、発心山《ほっしん》(標高六九七メートル)、耳納山《みのう》(標高三六七メートル)と連なって高良山《こうらさん》(標高三一二メートル)に到達する。地勢としては、東に高く西に低い山地となっている。この高良山の西山麓には、筑後国一の宮の格式を誇る高良大社《こうらたいしゃ》が建立され、その祭神は武内宿禰《たけしうちのすくね》とされている。

筑紫平野《つくしへいや》の覇権を獲得しようとした勢力は、古代から近世までこの高良山を占拠し、本陣をおいて戦ってきた。

古くは継体天皇二十一年(五二七年)、筑紫《つくし》の磐井《いわい》が大和朝廷に叛旗を翻したが、磐井は高良山に本陣をおいて大和朝廷軍と筑後御井《みい》郡にて干戈《かんか》を交えている。この戦いで、筑紫の磐井は敗死し、息子の筑紫君葛子《つくしのきみくずこ》は香椎《かしい》の屯倉《みやけ》を献上することで命乞いをして死罪を免れたとされている。

中世においては、南北朝時代、肥後の住人菊池武光《きくちたけみつ》は南朝方の武将として、高良山に本陣を置いて北朝方の少弐頼尚《しょうによりひさ》と筑後川河畔で戦い、北朝方に勝利している。

近世においても、豊後の大友義鎮《おおともよししげ》、肥前の龍造寺隆信《りゅうぞうじたかのぶ》、薩摩の島津義弘《しまづよしひろ》や関白豊臣秀

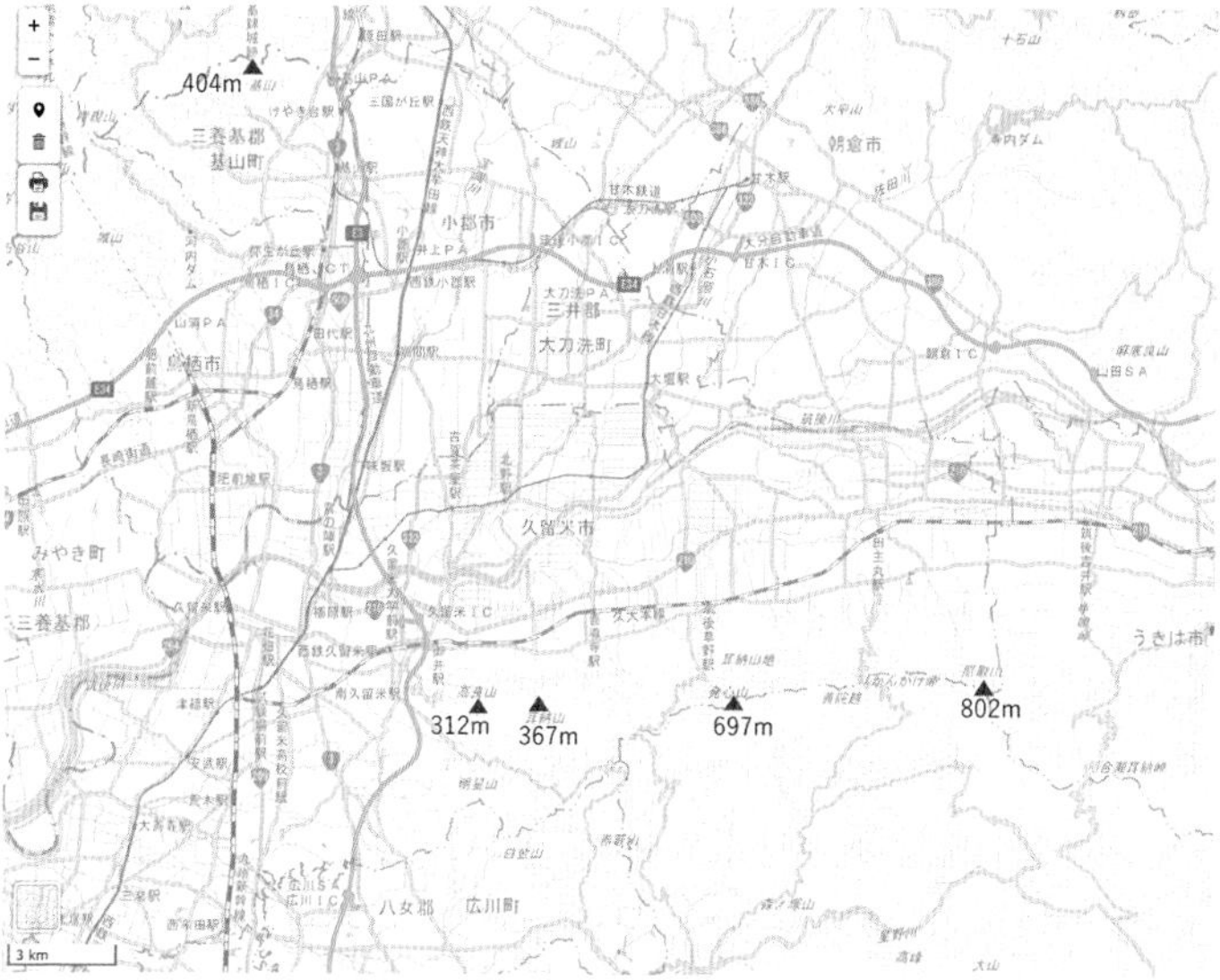

邪馬台国地勢図

出典：国土地理院ウェブサイト（https://mapps.gsi.go.jp/maplibSearch.do#1）

地図データに文字・記号・線を著者が記入して作成。

吉らも、九州経略の際には高良山に本陣を置いている。

古代より近世に至るまで、高良山は北部九州において重要な要衝の地位を占めていたことが窺《うかが》われる。

また高良山が位置する耳納山地に並行して、筑後川が東から西へ筑後平野を縦断して流れ下っていく。まさに隋書倭国伝の記述「其地勢東高西下都於邪靡堆則魏志所謂邪馬臺者也」（石原道博氏和訳：その地勢は東高くして西下り、邪靡堆《やびたい》に都《みやこ》する。則ち魏志のいわゆる邪馬台なる者なり）の通り地勢が合致している。

今回、国土地理院に所蔵されている昭和三十七年撮影の空中写真を取得したのでトリミングし一部加工して掲載する。高良山の西、久留米市高良内《こうらうち》町の丘陵地から耳納山地を望むと、東から西へ山々が堆《うずたか》く重なり下っていくのが見える。

則ち「やまたい（山堆《やまたい》）」であり、卑字表記では「邪摩堆《やまたい》」となり、さらに「邪馬台《やまたい》」に通じている。この邪馬台国の本拠地と比定する高良山、高良大社、吉見岳からは筑後平野の周囲を展望することが出来るのである。

さらに、日本書紀景行天皇の記述に、
井上光貞氏監訳によると

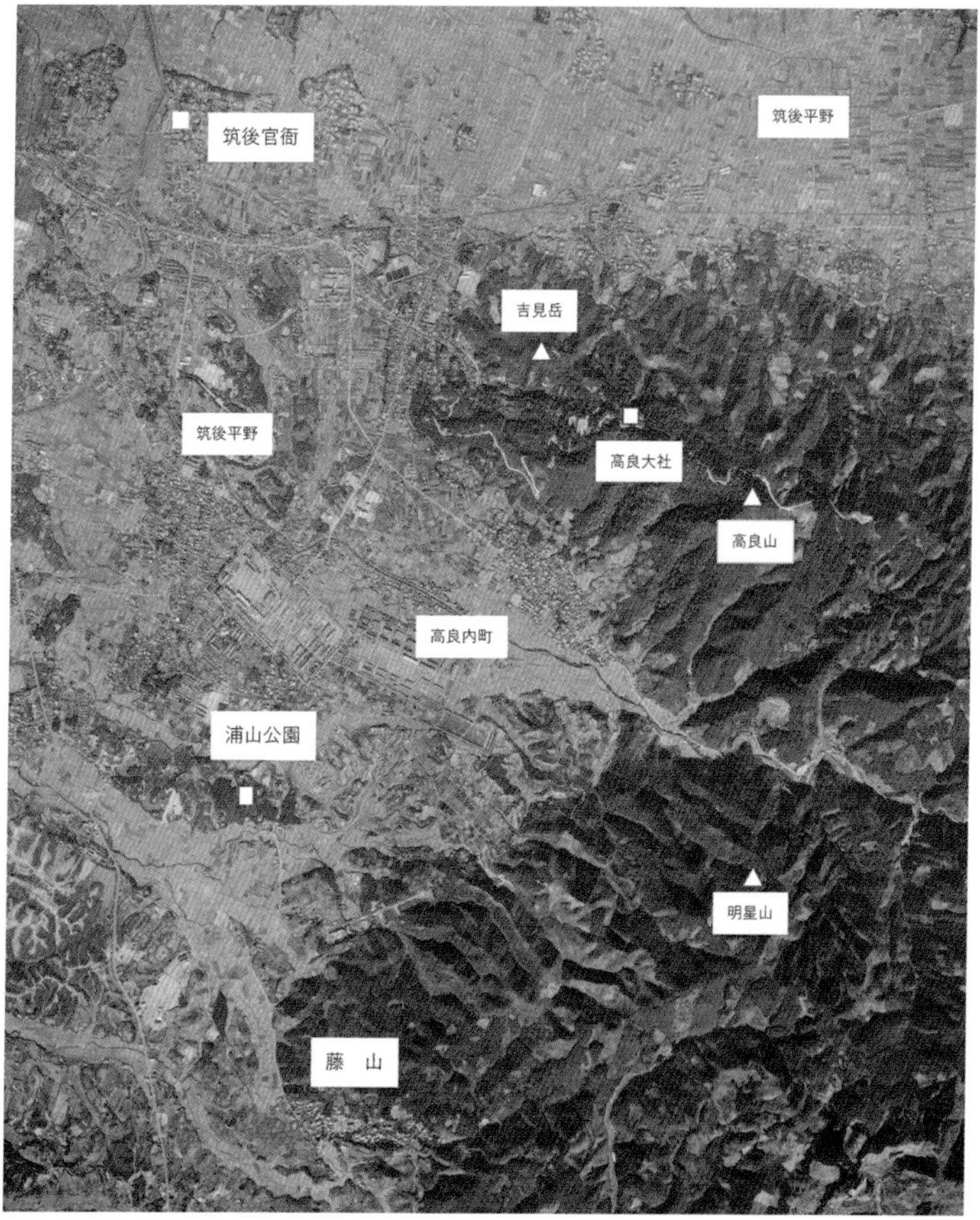

久留米周辺空中写真

出典：国土地理院（一財）日本地図センター。空中写真（昭和37年）著者にて購入。

写真データに文字・記号・線を著者が記入して作成。

丁酉《ひのえとり》（景行天皇十八年七月七日）に、八女県《やめのあがた》（福岡県八女郡・筑後市・八女市）に至られた。そして藤山《ふじやま》（福岡県久留米市藤山付近の山）を越えて山（福岡県久留米市上津町浦山公園付近か？）に立ち、南方の粟岬《あわのさき》を見下ろされた。天皇は詔して、「その山の峯々は、重なって、まことに美しい。あるいは、その山に神がおられるのかも知れぬ。」と仰られた。そのとき、水沼県主猿大海《みずぬまのあがたぬしさるおおみ》が、「女神《ひめかみ》がおられます。名を八女津媛《やめつひめ》と申しまして、いつも山中におられます」と奏上した。八女国の名は、これから起こったのである。

と記述している。「・」傍点部分は、著者により追記した。

日本書紀では、邪馬台国の卑弥呼と神功皇后は同一人物としているために、日本書紀の編纂者達は、口が裂けても北部九州に卑弥呼が大倭王として君臨したとは記述できない。それ故に隋書倭国伝の地勢記述から、耳納山地付近が邪馬台国の位置した倭国と推定して、卑弥呼を八女津姫に准《なぞら》えたのではないか。だからこそ景行天皇をこの地に立たせ、往時を偲《しの》んで詠嘆させたと思えてならない。

景行天皇が、藤山を越えて南方を見下ろした立ち位置は、藤山の北に位置する浦山（久留米市浦山公園）であったろう。浦山の標高は約六十メートルであり、この頂上に立てば南や東に艶《あで》やかに峰々が堆《うずたか》く織りなす山々を見ることができたのである。

景行天皇が筑後国を遠望した立ち位置が「浦山」で、南に臨んだ岬が「粟岬《あわのみさき》」という海岸地名から、当時は浦山の西近くまで有明海が入り込んで来ていたと推定できる。

浦山の北には筑後官衙があった枝光《えだみつ》台地が、東と南東には耳納山地の艶やかな山並みが、西と南西には有明海に面する岬や島々が広がっている。さぞや風光明媚で息を呑むような光景であったろう。

この山岳地域こそ、邪馬台国の卑弥呼が居住し、倭国三十国の盟主として君臨した地域に相応《ふさわ》しいのである。

この随書倭国伝の地勢記述により、巷間伝えられる邪馬台国の多くの比定地から、ある程度候補地を除外することが可能となる。

例えば、佐賀平野は北に高く南に低い地勢であるため、邪馬台国は存在しえないことになる。同様に福岡平野は、南に高く北に低い地勢であるため除外できる。島原半島の有明海側も、西に高く東に低い地勢である。九州の東海岸側の宇佐地方、大分地方、宮崎地方も西に高く東に低いため邪馬台国の地勢条件に合致しなくなる。

逆に邪馬台国比定地として有力視されるのは、筑後川北岸で宝満川東岸に囲まれる朝《あさ》倉《くら》・甘木《あまぎ》・大刀洗《たちあらい》・北野《きたの》を含む地域であろう。古代史研究家の安本美典《やすもとびてん》氏は、甘木・朝倉地方を邪馬台国比定地としている。この地域も筑後川に沿って東に高く西に低い地勢であるため比定地候補となりうる。

従来の定説通り怡土郡を伊都国とするならば、福岡平野が奴《ど》国、その東北部で福岡市宇美町辺りを不彌《ふみ》国と比定することが可能となり、その場合、邪馬台国は甘木周辺地域と推定することが出来そうである。また邪馬台国の南に位置していたという狗奴国は、筑後川の南岸で耳納山地・八女地方を含む地域に所在したと比定することが可能となる。

ただ伊都国より投馬国に至るには、「水行で二十日かかる」という魏志倭人伝の最大の矛盾が解決しえないことを指摘しておきたい。すなわち怡土郡の南方には、脊振山地《せふりさんち》が立ちはだかっており、南へ水行することが出来ないのである。

次にこの隋書倭国伝にて、初めて阿蘇山に関して地勢が記述された。

「……有阿蘇山其石無故火起接天者俗以爲異因行禱祭……」

阿蘇山がある。その石は、故なくて火が起こり天に接するもので、習慣として異となし、よって禱祭を行う。

大業四年（六〇八年）推古天皇十六年四月、裴世清《はいせいせい》ら隋煬帝の国使一行十三名は、日本《やまと》の遣隋使《けんずいし》小野妹子《おののいもこ》とともに竹斯《ちくし》国の那の津に上陸した。そして、二カ月後の六月に難波津《なにわのつ》に到着して、日本側の掌客《まろうとのつかさ》（接客係）の歓待を受けている。

其の後日本の都飛鳥《あすか》に入ったのは、更に二カ月後の八月三日であり、何と那の津から大和に入るのに四カ月を要しているのである。この遅延は、おそらく裴世清一行を歓待する為に設営している難波津の接待館、飛鳥における接待宮殿や道路・景観の整備に思いのほか手間取ったためであろう。

裴世清一行が、日本王への国書を上奏する役目を終え、帰国の途に就いたのは一カ月後の同年九月三日のことである。この時も小野妹子や隋に留学する学生八名らが帯同している。

この帰国の道中で阿蘇地方を経由して那の津に向かったなら、阿蘇山の噴火とそのお山の怒りを鎮魂する祈禱祭《きとうさい》を見学し、さらに邪馬台国が存在したとする地勢を確認した可能性がある。

隋使一行の飛鳥京への往路は、北九州沿岸・山陽道沿岸を航行する船旅であったため阿蘇山を見学する余裕はなかったと思われる。何よりも隋煬帝から推古天皇への国書を上奏するという重大な任務を帯びている。阿蘇山や邪馬台国・倭国の地勢・鵜飼などを見学する可能性があるのは、隋の煬帝の国書を推古天皇に上奏するという役目を終えて、帰国の途についた復路であろう。

今、裴世清ら隋煬帝の国使一行の帰国の旅程を推理する。

難波津から隋使一行を乗せた渡航船は、西へ航行し明石海峡を通過して左へと大きく舵を取る。やがて淡路島の西海岸へ進み郡家《ぐんげ》の湊《みなと》へ入港し、伊弉諾神宮《いざなぎじんぐう》の周辺に建築されている接待館に到着する。

淡路島は天皇家にとって内庭とも言える重要な場所であった。古代天皇家は、この淡路島に再々行幸しているし、巻狩りなども度々行っている。伊弉諾命《いざなぎのみこと》も伊弉冉尊《いざなみのみこと》も、淡路島の西岸多賀の里に伊弉諾神宮《いざなぎじんぐう》が建立され、この淡路島に安住しているのである。当然に、伊弉諾神宮の周辺には賓客をもてなす宮殿や多くの施設が整備されていたであろう。この多賀の地の接待所で大いに饗応されたに違いない。

淡路島で接待を受け数日を過ごした裴世清一行は、瀬戸内海二番目の宿泊地である大三《おおみ》島《しま》の津に入港する。大三島には推古天皇二年に推古天皇により創建されたと伝承される大三島神社が威容を誇っていた。大三島神社は伊予国一宮神社であり、戦いの神でもあり海の神でもあり大山積神を主祭神として建立された。建造されてから十四年しか経っていない大三島神社は、金箔により光り輝き顔料により真紅に装飾され、大和朝廷の国威発揚に一役買っていたのである。

瀬戸内航行の三番目の寄港地は伊予国の熟田津《にきたつ》であり、ここで上陸した裴世清や小野妹子一行は、道後平野の奥座敷「道後の湯」で数日宿泊するとともに九州へ向かうための潮待ち・風待ちをしたであろう。

伊予国熟田津の所在位置は松山市道後付近とも言われているが、この地は道後平野の北東部にあり、道後温泉付近まで海岸線が入っていたとは思えない。むしろ現在の松山市古《ふる》三津《みつ》地区付近に熟田津が位置したのではないかと想像する。

現在の三津浜港や三津市街地は干拓地であり、古代七世紀には海の底であった。この三津市街地の東丘陵地に位置する古三津地区に熟田津が存在したなら、瀬戸内海随一の良港であったろう。北西の風は松山市の北西に浮かぶ興居島《ごご》が遮断している。北風は大山寺山《たいさんじ》や港山《みなとやま》が防いでくれ、西風は弁天山《べんてんやま》により熟田津を防いでいる。南風は御座所《ごさんじょ》・大峰《おおみね》ケ《が》台《だい》・岩子山《いわこやま》が防いでおり、また東風は衣山《きぬやま》・久万ノ台《くまのだい》の丘陵地が防いでいた。

衣山の北西山麓には、久枝《ひさえだ》神社が建立されているが、この神社は住吉神社・岩崎神社・祇園社を合祀した神社であり、仲哀天皇・神功皇后・応神天皇・須佐之男命《すさのおのみこと》・表筒男《うはつつのお》命《みこと》・中筒男命《なかつつのおのみこと》・底筒男命《そこつつのおのみこと》の七祭神を祀っている。

松山市古三津地区に熟田津が存在したとすると、久枝神社は道後への旅程の道沿いに建立されていたことになり、住民や多くの旅人の崇敬を集めたであろう。

今、国土地理院ウェブサイトから愛媛県松山市の中心街の写真地図を背景図として、古三津地区から道後温泉までの旅程図を掲載する。地名・記号は著者により記入した。

伊予風土記逸文に、推古天皇四年（五九六年）に聖徳太子が高麗僧慧慈《えじ》らと共に、道後温泉に湯治《とうじ》に来たという伝承が残っている。

聖徳太子一行が伊予熟田津に上陸して道後に向かったとすれば、その道程は衣山の南山麓沿いに迂回して東に進み、古道を一直線で道後温泉に到着することが出来る。

この行程は、現在はＪＲ予讃線や伊予鉄道郊外線・道路河川の新設・改修により寸断されているが、松山大学・愛媛大学・日赤松山赤十字病院の北側に水路幅一間（約一・八メートル）・道幅一間五尺（約二・七メートル）ほどの古道往還が面影を残していた。

現在、水路は三法張りコンクリートに改修され、側道も片側一車線の舗装道路に改修されている。しかし五十年ほど前には、水路は川底幅一間の石積み水路であり、側道も未舗装の砂利敷き道路であった。

この道により、古には松山市古三津地区にあったと推定する熟田津と道後温泉を最短距離で繋いでいたのではと推測出来る。

また熟田津は九州方面へ向かう大型帆船の最後の風待ち港でもあり、避難港でもあった。

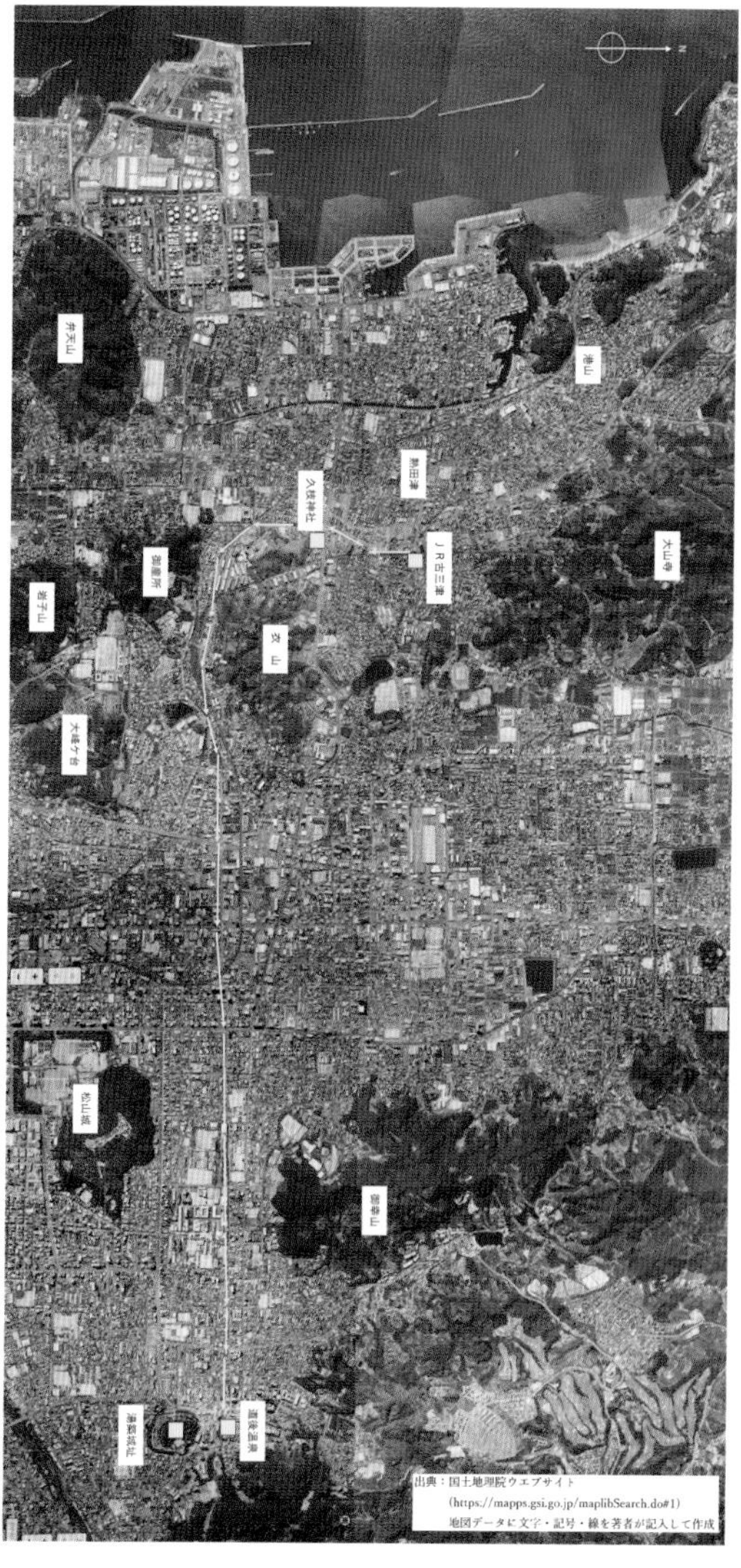

出典：国土地理院ウエブサイト
(https://mapps.gsi.go.jp/maplibSearch.do#1)
地図データに文字・記号・線を著者が記入して作成

熟田津より西へは、佐田岬半島沿いに沿海航行して豊後国《ぶんご》（大分市）へ向かうが、その間半島沿いには立ち寄ることができる整備された港はなかった。佐田岬半島北岸では、近世まで猫の額ほどの浜辺に人々は漁業と畑作を生業《なりわい》として張り付いて生活していた。近年まで佐田岬北岸の陸路は未整備であり、あまりの不便さに「陸の孤島」と呼ばれた。

隋使裴世清一行は、数日熟田津に逗留した後、東風を帆いっぱいに受けて一気に豊予海峡を渡海して豊後国（大分市）に上陸したと思われる。

この豊後国官衙《かんが》で、また地元の官人たちの歓待を受けて数日逗留した後、肥後国へ向けて出発した。

ここで裴世清ら隋煬帝の答礼使一行が通過したと思われる九州における帰国の旅程を推理する。参考に国土地理院の地勢図に、推定した北部九州の行程ルートを記《しる》して掲載した。

豊後国から肥後国へは、肥後街道を利用して往来することができる。現在、大分市から熊本市までは国道五七号線で繋がっているが、肥後街道も、ほぼこの国道五七号線と同じルートであったと言われている。

隋の国使裴世清《はいせいせい》や大礼小野妹子《だいらいおののいもこ》（大礼は冠位十二階のうち上位から五番目の官位）は、身分も高かったため輿《こし》に座乗しての緩やかな旅程であったろう。

そのため豊後国から肥後国までは徒歩では五日程かかるため、裴世清一行は途中で宿泊

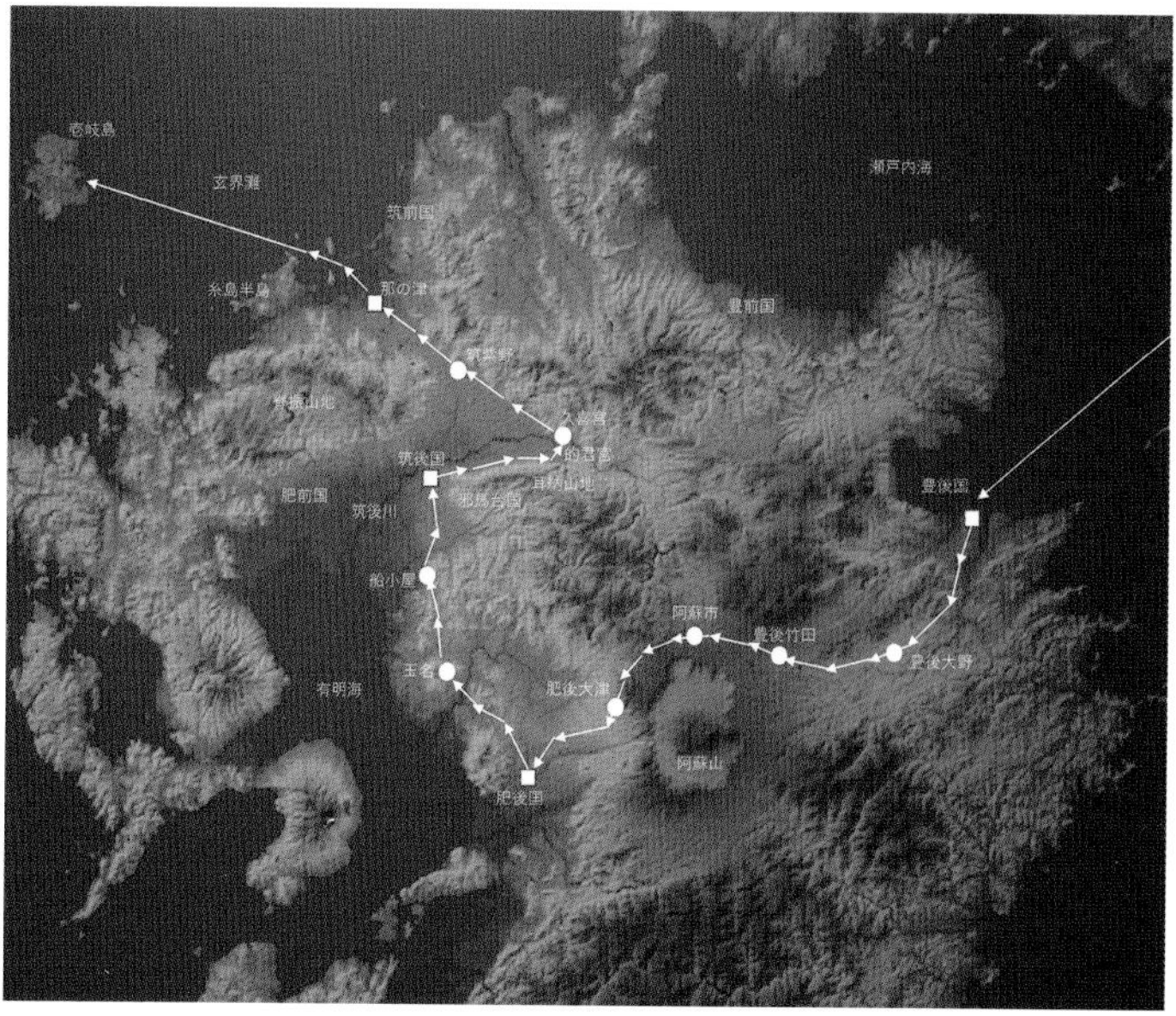

隋使裴世清九州旅程図

出典：国土地理院ウェブサイト（https://mapps.gsi.go.jp/maplibSearch.do#1）

地図データに文字・記号・線を著者が記入して作成。

せざるを得ず、一泊目は豊後大野、二日目が豊後竹田辺り、三泊目の宿営地が阿蘇山の山裾であったのではなかろうか。三日目の宿営地は現在の熊本県阿蘇市辺りであり、この地で阿蘇山の噴煙を確認し、阿蘇山の怒りを鎮める祈禱《きとう》の儀式も目《ま》の当たりにしたのであろう。これらの経験が隋書倭国伝における阿蘇山の記述となったと考えている。

翌日、阿蘇市辺りの宿営地から旅立った裴世清一行は、四日目の宿泊地として肥後大津町周辺に宿泊し、五日目の夕刻までには肥後国官衙へ到着した。ここでも数日逗留して肥後官衙の役人たちの接待を受けたであろう。

肥後国を出立した隋使一行は、有明海の東岸を北上し三日を掛けて筑後官衙を目指す。筑後国の官衙は久留米市合川《あいかわ》町枝光台地《えだみつだいち》で、高良川《こうらかわ》の東岸に位置していた。後年、所謂《いわゆる》御《み》井《い》の国府《こくふ》が設置された地域でもあり、この地において裴世清一行は筑後官人の接待を受け、また数日逗留したであろう。

この筑後官衙から、隋使一行は目の前に聳《そび》える耳納山地《みのうさんち》を確認するとともに、高良山・吉見岳を望見することが出来たのである。そして持参した魏時代の倭国絵図の写しをもとに、邪馬台国の地勢と遺跡を確認したのであろう。

この絵図には、ランドマークとして、有明海・筑後川・宝満川・耳納山地・脊振山地や奴国としての佐賀平野、また有明海越しに望見できる両子山《ふたごやま》・牛津《うしづ》川なども描画されており、容易に現地と対照出来たはずである。

筑後官衙で数日接待を受けた裴世清一行は、吉日を選んで那の津に向かって出発した。筑後官衙からは、高良山より耳納山地北山麓に並走する山辺道《やまべみち》を東に向かい途中で筑後川を渡河して、朝倉街道沿いに北上して那の津へと向かう旅程である。

またこの旅程以外に、別ルートとして筑後川を久留米市宮野陣《みやのじん》辺りで渡河し、宝満川東岸に沿って北上し那の津に向かう最短ルートもある。だがその旅程は事実上禁止されていた。このルート上には筑後川本流と宝満川が合流する広大な湿原が広がっていたが、そこには魔物が潜むと信じられていた。

筑後川本流や宝満川下流域で漁業を営む住民は、常に体調の悪化に悩まされた。腹痛や発熱や下痢などが続き、突然死する者や弊死する者が相次いだ。また、水稲作に従事した大人たちも病に倒れていった。さらに水遊びをした子供達も、腹部が大きく膨れ上がり、腹痛と下痢が止まらず衰弱していった。

この災厄は人ばかりでなく、犬・牛馬などの家畜にも及んだ。水耕作に使役し川岸で体を洗った牛馬は、やがて衰弱し痩せ細って斃死した。原因は不明であったため、いつしかこの大湿原には、人や家畜に災厄をもたらす魔物が潜んでいると信じられるようになった。

裴世清一行はこのルートを避け、筑後官人の見送りを受けながら、筑後国の東北部を支配する豪族「的臣《いくはのおみ》」が派遣した案内人に導かれながら山辺道《やまべみち》を東進する。

山辺道は、高良山から福岡県うきは市までを、耳納山地の北山麓沿いに繋ぐ古代道である。標高三十メートルから標高六十メートルの緩やかな上り勾配を東へと向かい、約二十五キロメートルの旅程をほぼ一直線の古代道で造られている。

この山辺道沿いとその南に位置する「山苞《やまづと》の道」沿いには、六世紀後半から七世紀前半にかけて、多くの古墳が沿線に並んで築造された。主要な古墳について西から記述していく。

国土地理院の地勢図に、文字・記号を描画して掲載した。

①寺徳古墳《じとくこふん》
久留米市田主丸《たぬしまる》町益生田《まそうだ》　円墳　直径約十八m　標高三十m

②大塚古墳《おおつかこふん》
久留米市田主丸町石垣《いしかき》　前方後円墳　円形部六十m　標高八十m

③大塚二号墳《おおつかにごうふん》
久留米市田主丸町石垣　円墳　直径約十五m　標高七十m

④平原古墳群《ひらばるこふんぐん》

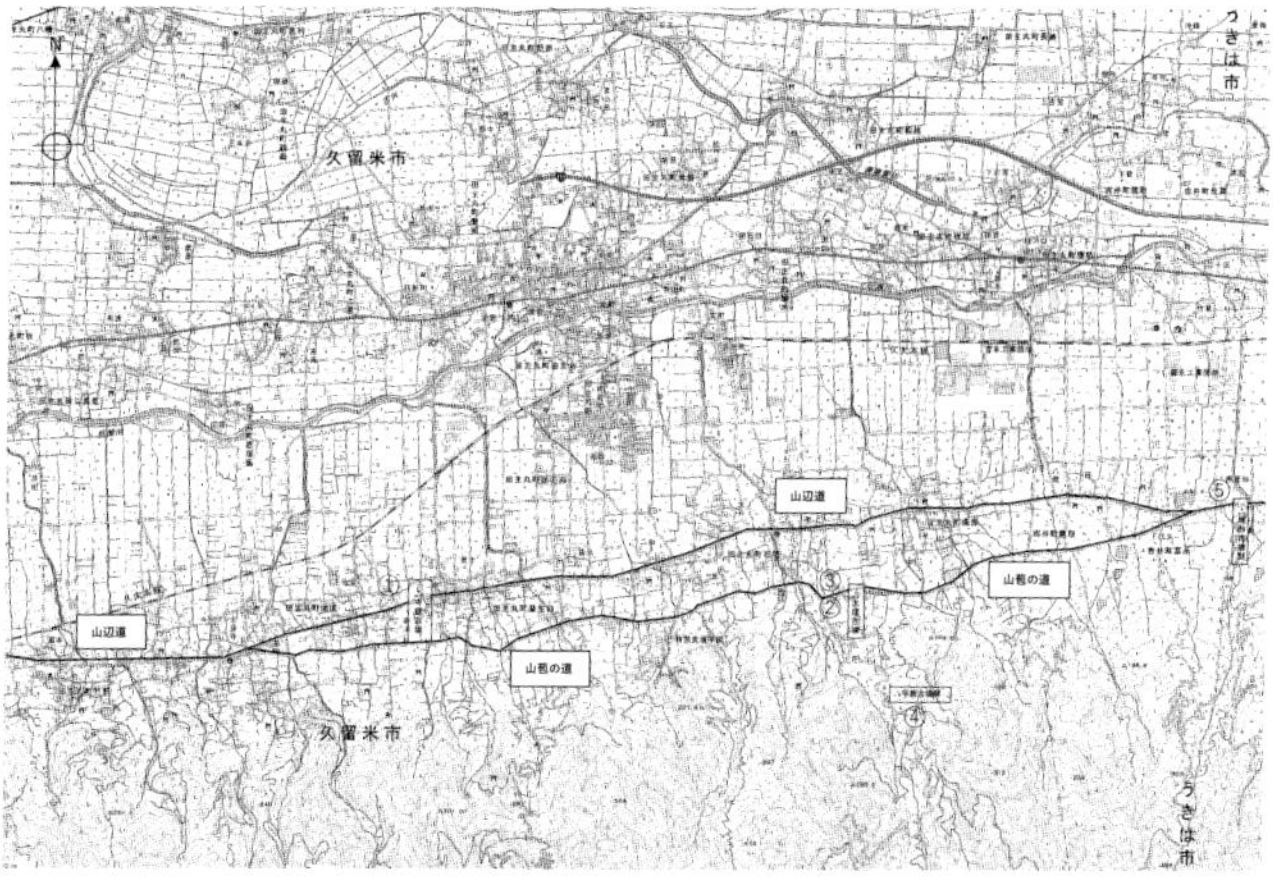

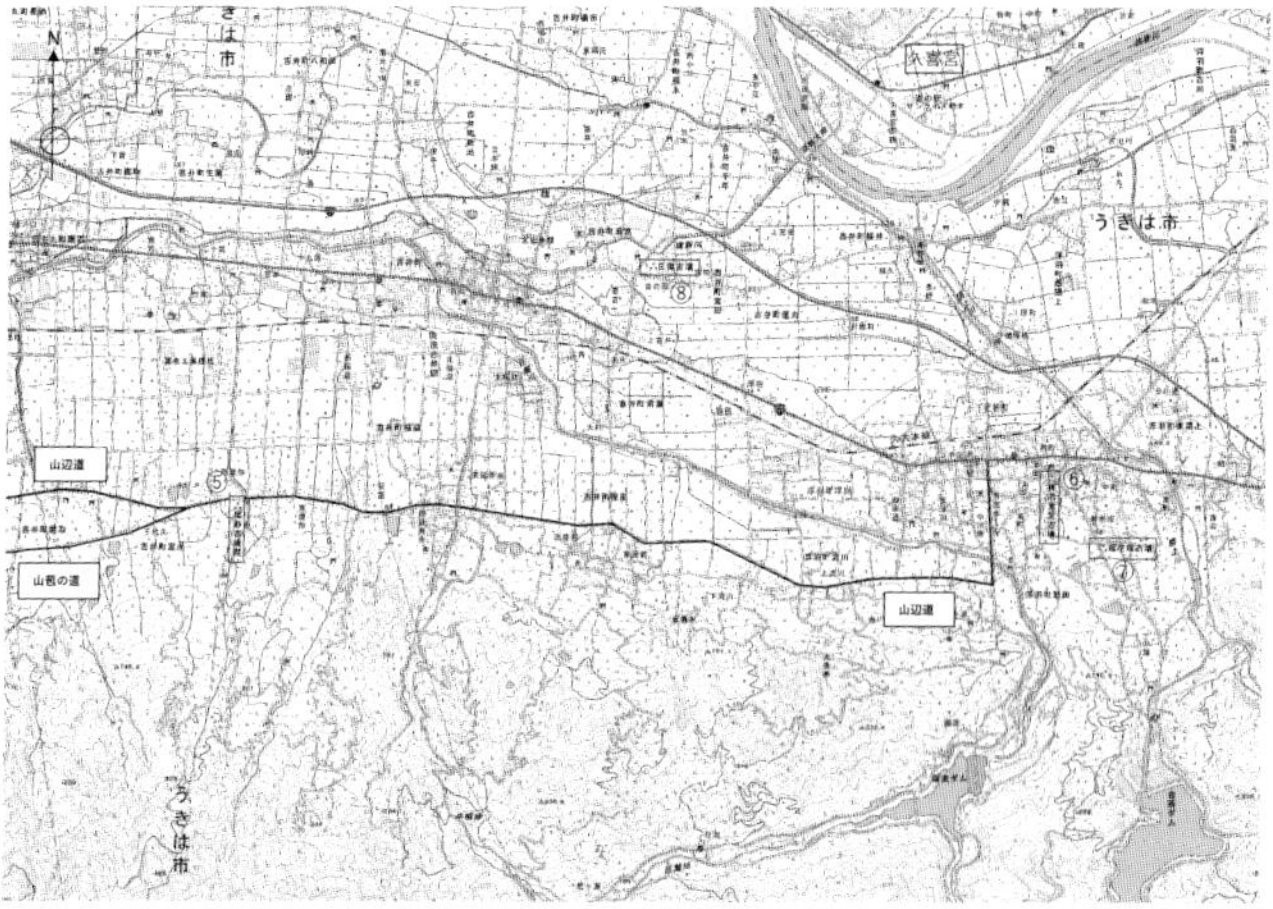

耳納山地山辺道・山苞の道

出典：国土地理院ウェブサイト（https://mapps.gsi.go.jp/maplibSearch.do#1）

地図データに文字・記号・線を著者が記入して作成。

寺徳古墳

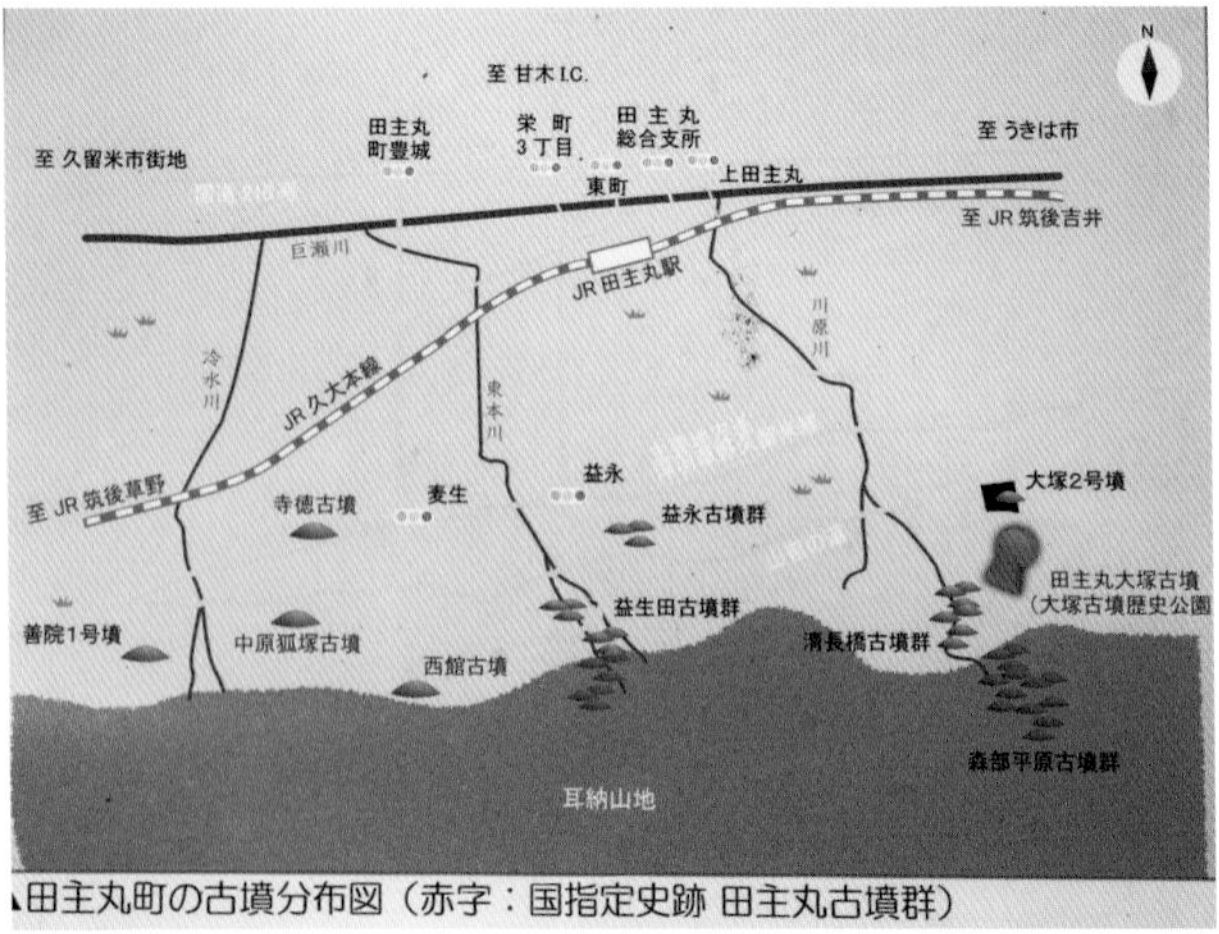

寺徳古墳説明板

久留米市田主丸町石垣　円墳　直径約十m　約七十基　標高二百m

⑤屋形古墳群《やかたこふんぐん》（珍敷塚《めずらしづか》・鳥船塚《とりふねづか》・古畑《ふるはた》・原《はる》）

珍敷塚古墳　うきは市吉井《よしい》町富永《とみなが》　円墳　直径不明　標高五十m

鳥船塚古墳　うきは市吉井町富永　円墳　直径不明　標高五十m

古畑　古墳　うきは市吉井町富永　円墳　直径二十m　標高五十m

原　古墳　うきは市吉井町富永　円墳　直径十二m　標高五十m

⑥楠名重定古墳《くすみょうしげさだこふん》

楠名古墳　うきは市吉井町朝田《あさだ》　円墳　直径三十二m　標高五十m

重定古墳　うきは市吉井町朝田　前方後円墳　円形部四十四m　標高五十m

⑦塚花塚古墳《つかはなづかこふん》

うきは市吉井町朝田　円墳　直径三十m　標高六十m

⑧若宮古墳群《わかみやこふんぐん》（日岡《ひおか》・月岡《つきおか》・塚堂《つかどう》）

日岡古墳　うきは市吉井町若宮《わかみや》　前方後円墳　円形部不明　標高三十五m

月岡古墳　うきは市吉井町若宮　前方後円墳　円形部不明　標高三十五m

塚堂古墳　うきは市吉井町徳丸　前方後円墳　円形部不明　標高三十五m

在地の権力者の墓と思われる円墳と、大和政権の墓制としての前方後円墳が混在して築造されている。

魏志倭人伝にいう「大人《たいじん》」は、四、五人の妻を持ちその地域の支配者として君臨したという。また「下戸《げこ》」と呼称された平民でも二、三人の妻を持ったと記述されている。耳納山地の標高四十メートルの山麓沿いや扇状地に造成された円墳や前方後円墳は、この「大人」の末裔が地方豪族として豊かな経済力と政治・軍事力を保持していたであろうことを想起させる。

他方、筑後川水系の筑後川南岸平野部には、弥生時代の遺跡が見られるが古墳はその存在がほとんど確認されていない。おそらく水耕作や畑地の耕作に従事した「下戸《げこ》」や「奴《ぬ》婢《ひ》」の居住した地域であったろう。

これら古墳の分布状態や弥生遺跡の分布状態から、耳納山地の北側山麓や標高四十メートル前後の扇状地に権力者が居住し、筑後川水系の隈上《くまがみ》川・美津留《みつる》川・巨瀬《こせ》川などの支流や、数多くの細流が形成する平地に「下戸」や「奴《ぬ》婢《ひ》」が居住して田畑を耕作していたと読み取ることが出来る。

前記の古墳群のうち、特別に意味を持つ古墳群について述べる。

それは耳納《みのう》山地の最高峰鷹取山《たかとりやま》の中腹に位置する「平原古墳群《ひらばるこふんぐん》」である。

田主丸町石垣地区古墳群

出典：国土地理院（一財）日本地図センター。空中写真（昭和37年）著者にて購入。

写真データに文字・記号・線を著者が記入して作成。

森部平原古墳

まずこの古墳群の位置について、他の古墳群が標高四十メートルから五十メートル付近の丘陵地に築造されているのに対して、この平原古墳群は標高二百メートルの山中に造成され、その位置は山辺道から南へと大きく離れている。古墳形態は、直径十メートル程度の円墳であるが、その数が尋常ではない。田主丸《たぬしまる》教育委員会では、七十基の円墳が密集しているとアナウンスしている。この地域を支配した豪族が、これらの円墳を仮に一年に一基築造したとしても、その完成には七十年以上もかかることとなる。弥生時代後期から古墳時代において、長期間に亘りこの一帯を支配統治した強力な地方豪族の存在を想像させる。

また、この平原古墳群の西、久留米市田主丸町益生田《まそうだ》の標高八十メートル以上の中腹から円墳遺跡群が築造されて今に至っている。その数がまた尋常ではなく百二十基以上の円墳が残されているのである。その大きさは前記平原古墳群と同様に直径十メートル程度の円墳で、その形式から平原古墳群と同時代に築造されたと推定できる。

そして、この平原古墳群から北方向に山麓を下りた標高八十メートルの地に、大塚一号古墳が築造されている。大塚一号古墳は前方後円墳であり、その円形部の直径は六十メートルと大きく山辺道沿線に築かれた古墳では最大規模である。前方後円墳の築造には、大和朝廷の認可が必要であったとされており、この地域に依拠した地方豪族と大和朝廷の間

大塚1号古墳

大塚2号古墳

に親密な関係が築かれていたことが推定できる。

この大塚一号古墳と「山苞《やまづと》の道《みち》」を挟んで、下手側に大塚二号古墳という円墳が築造されている。山辺道沿線に円墳や前方後円墳が築造されていることは前述したが、この二基の古墳も「山辺道」と「山苞《やまづと》の道」の違いはあれど、同様の位置関係である。その上この両古墳とも、六世紀末から七世紀初頭の築造と見做《みな》されているのである。

久留米市田主丸町森部地区の山麓と耳納山地の最高峰鷹取山の山中に前述した三カ所の古墳（群）が位置しているが、その築造年月日は最も標高の高い地域に築造された平原古墳群が古いと考えられる。大塚一号古墳と大塚二号古墳が、六世紀末から七世紀初めの築造とするならば、平原古墳群の築造は五世紀中頃から六世紀中頃の築造とも推定される。

一説には久留米市田主丸町地区だけでも三百五十基の古墳が存在したと記録されている。またこの耳納山地山麓一帯には、合計で千基を超える古墳が存在したという歴史的記述もある。

いずれにしても、日本書紀にいう「的臣《いくはのおみ》」が、この耳納山地の北側山裾からうきは市の扇状地を含む地域に本拠を置き、筑後地方の東北部に巨大な権力を保持して支配したと推定できる。

筑後官衙から山辺道（旧竹野郡、旧生葉郡では山苞《やまづと》の道）を東進した隋使裴世清や小野妹子たちは、うきは市（的邑《いくはのむら》）周辺で宿泊したものと思われる。宿泊地は、このうきは市（的邑《いくはのむら》）か筑後川対岸の朝倉《あさくら》市杷木《はき》町久喜宮《くぐみや》の丘陵地であったかも知れない。あるいは両方の地区に複数日逗留したかも知れない。

この久喜宮《くぐみや》やその筑後川下流の恵蘇宿《えそのしゅく》という漢風地名には、特別の意味があったのではと思えてならない。

隋使一行がこの地域に宿泊したと想像するに足る記述が隋書倭国伝に記載されている。それは「温暖な気候」と「鵜飼」についての記述である。今記述するが、

「氣候温暖草木冬青土地膏腴水多陸少以小環挂鸕鷀項令入水捕魚日得百餘頭……………………」

気候は温暖で、草木は冬も青く、土地は肥えうつくしく、水が多く陸が少ない。小さい環を鵜の首にかけ、水に入って魚を捕らえさせ、日に百余頭は得られる。

隋書倭国伝中「氣候温暖草木冬青土地膏腴水多陸少（気候は温暖で草木は冬でも青く、土地は肥沃であり、水が多く陸が少ない）」の記述は、うきは市（的邑《いくはのむら》）やその下手のうきは市吉井町周辺、下流の久留米市田主丸《たぬしまる》町辺りの地勢をよく表している。これらの地

域は、筑後川水系の支流や細流が縦横に流れ水量豊かな水郷地帯を形成している。その豊かな水資源と肥沃土により、水稲作をはじめとして一大農耕地域を形成しているのである。

「水多陸少」という隋書倭国伝の記述は、この地域の地勢をよく表しているが、それは取りも直さず水難事故の多さも示すものである。この地域から筑後川下流に亘って、水遊びをする子どもたちの生肝《いきぎも》を抜くという「河童《かっぱ》伝説」が生まれ、子どもたちを水難から守るための「水神様《すいじんさま》」信仰が広く流布《るふ》された。そして下流部の福岡県久留米市瀬下町には、後年水害・水難から住民を守護することを目的に「水天宮《すいてんぐう》」神社が建立され、全国の水天宮の総本山となっている。

また後段に記述された鵜飼であるが、伝統漁法として現在でも西日本にて受け継がれているのは、広島県三次《みよし》市馬洗川《ばせんがわ》流域、愛媛県大洲《おおず》市肱川《ひじかわ》流域、大分県日田市三隈川《みくまがわ》流域と福岡県朝倉市筑後川流域である。

これらの地域の内、隋書倭国伝に書き記された「鵜飼」の地が示すのは、筑後川岸、現在でいう朝倉市杷木《はき》町久喜宮《くぐみや》地区とその対岸うきは市隈上《くまがみ》地区に伝わっている鵜飼漁法であると推定することができる。

そして隋使裴世清や大礼小野妹子一行が宿営したと推定される福岡県うきは市やうきは

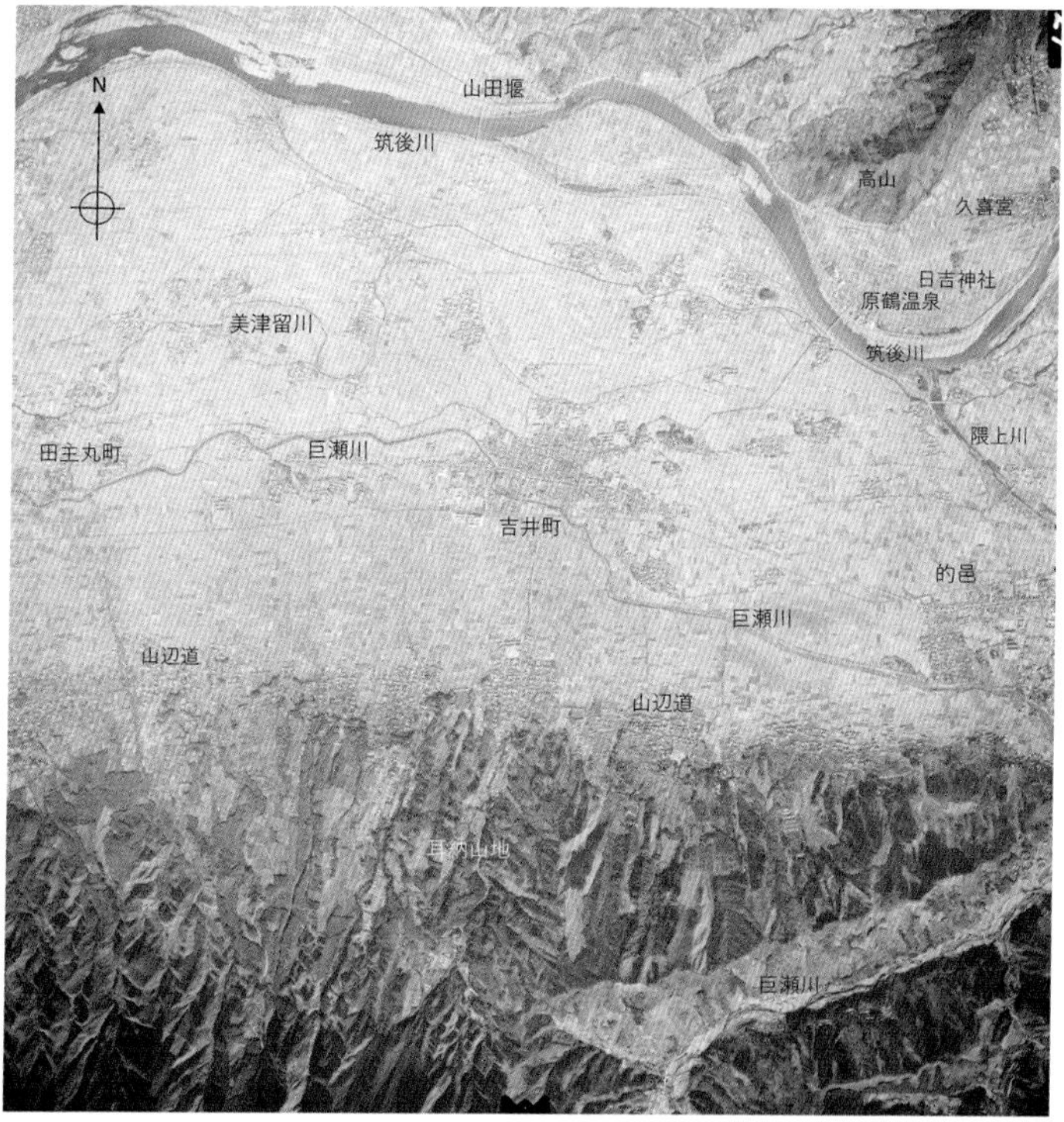

隋使の宿泊地的邑

出典：国土地理院（一財）日本地図センター。空中写真（昭和37年）著者にて購入。

写真データに文字・記号・線を著者が記入して作成。

市吉井町地区さらに朝倉市杷木町久喜宮地区において、この鵜飼による伝統漁法を見学し報告書に書き記したと理解することができるのである。

隋使一行は、この地で数日宿泊した後、久喜宮《くぐみや》・恵蘇宿《えそのしゅく》・朝倉市甘木・筑紫野市・筑《つく》紫太宰《しのおおみこともち》を経由して中国への出発港である那の津へと旅立っていったと思われる。

那の津には、豊後大分より回航された渡航船が待ち受けていた。隋使裴世清や小野妹子一行は、数日那の津館で接待を受けた後、隋の都大興（長安）へ向けて帰路についたのである。

これまで裴世清ら隋使一行の旅程を推定してきたが、これは福岡県が発表している「福岡県内装飾古墳一覧」の装飾古墳の並びと一致している。

この表によれば福岡県内に六十六基（群）の装飾古墳が記載されているが、これには装飾がされていない古墳が別に存在しており、それらを合計すれば途方もない数の円墳・方墳・前方後円墳が築造されていたことになる。

四世紀の初めに即位したと推定している景行天皇が、土蜘蛛《つちぐも》・熊襲《くまそ》を討伐して帰路とした旅程も、筑後国においてはこの装飾古墳の分布図に沿って那の津に向かったことが想定される。

景行天皇は、景行天皇十二年八月に土蜘蛛征伐に大和を出立した。その征討路は、周《す》

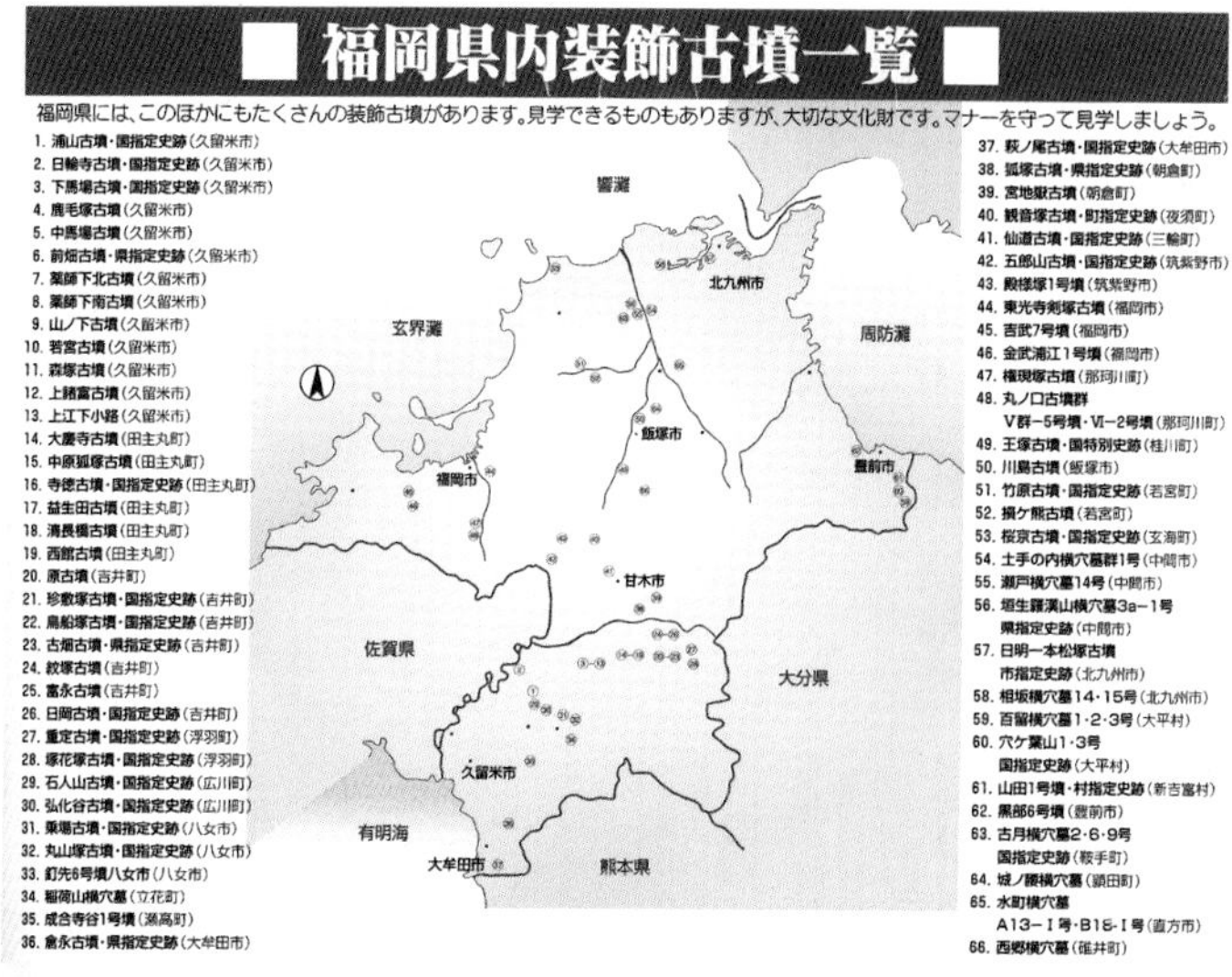

出典：福岡県内装飾古墳一覧（https://www.town.keisen.fukuoka.jp）
画像データをトリミングして掲載。

芳《わ》の娑麼《さば》（山口県防府市周辺）→豊前《ぶぜん》の長峡県《ながおのあがた》（福岡県行橋市周辺）→豊後《ぶんご》の碩田《おおきた》（大分市周辺）→日向《ひゅうが》の高屋宮《たかやのみや》（宮崎市周辺）→日向の石瀬河《いわせのかわ》（宮崎県小林市周辺）→肥後《ひご》の熊県《くまのあがた》（熊本県人吉市）→肥後の葦北《あしきた》の小島《こじま》（熊本県葦北郡）→肥後の八代県《やつしろのあがた》の豊村《とよのむら》（熊本県八代市周辺）→肥前《ひぜん》の高来県《たかくのあがた》（長崎県島原市周辺）→肥後の玉杵名邑《たまきなのむら》（熊本県玉名市周辺）→肥後の阿蘇国《あそこく》（熊本県阿蘇郡）→筑紫後国《つくしのくにのみちのしりのくに》の御木《みけ》（福岡県大牟田市三池周辺か？）→筑後《ちく》の八女県《やめのあがた》（福岡県八女市周辺）→筑後の的邑《いくはのむら》（福岡県うきは市周辺）を経由して景行天皇十九年九月に大和に帰還している。

この間、日向《ひゅうが》の高屋宮《たかやのみや》に六年間滞在したとされており、天皇家にとって日向の地が九州においても特別な地域であったことを示している。

今、九州の装飾古墳の分布図と景行天皇の土地蜘蛛征伐の行程地図を掲載する。装飾古墳の分布と景行天皇の征討路、そして隋の国使裴世清の推定した帰還旅程は、驚くほど一致している。

景行天皇の時代には、これら装飾古墳は未だ存在しなかったかもしれないが、旧国名で言えば豊前・豊後・日向・肥後・筑後・筑前から那の津へ向かう古代道が整備され、その古代道に沿って六世紀末から七世紀初頭にかけて、装飾古墳が多数築造された。

今参考に、福岡県うきは市吉井町朝田に残されている装飾古墳「塚花塚《つかはなづか》古墳《こふん》」の写真と

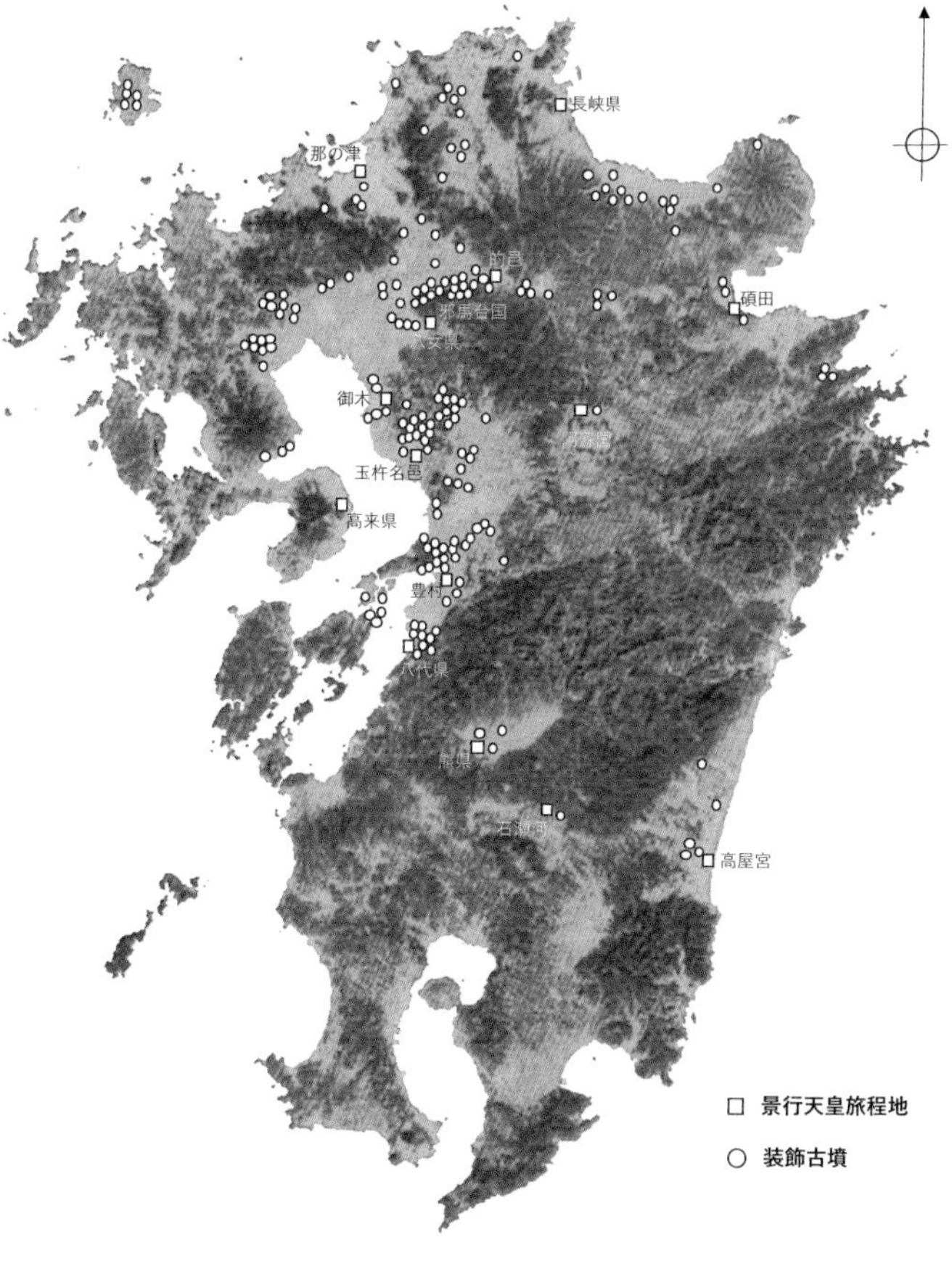

九州における装飾古墳分布図・景行天皇征伐行程地図

出典：ピクスタ株式会社保管画像。著者にて購入。
画像データに文字・記号を記入して作成。

説明板を掲載する。

塚花塚古墳《つかはなづかこふん》は、径三十メートル、高さ約六メートルの大きさの円墳で、隈上川《くまかみかわ》と巨瀬川《こせかわ》に挟まれた標高六十メートルの扇状地に築造されている。

石室には、説明板に描かれている蕨手紋《わらびてもん》・同心円紋・三角紋や靭《ゆき》（矢を入れる武具）・盾なども描画されている。九州地方に築造された多くの装飾古墳に描かれた標準的な紋様パターンである。これらの図形以外にも、舟・鳥・人物・太刀なども描かれている。九州地域では、この装飾古墳が二百基（群）以上築造されているのである。

注目すべきは、これらの多くが、六世紀末から七世紀初頭にかけて同時期にかつ集中的に築造された事である。広域にわたって同じ紋様パターンとその地域独自のシンボル（例えば、丘陵地においてはヒキガエル・馬、海岸地域では準構造船・鯨・イルカなど）が描画されている。この装飾古墳が短期間に築造されかつ標準の紋様パターンで描画されたことには、中央政府の築造命令があったと考えられる。でなければ、九州一円に短期間で集中的に装飾古墳が出現することなどあり得なかったであろう。その意図は何であったのか？

私は、この装飾古墳の築造は、巨大中国王朝隋に対する大和政権の外交メッセージであり警告であったと考えている。

塚花塚古墳

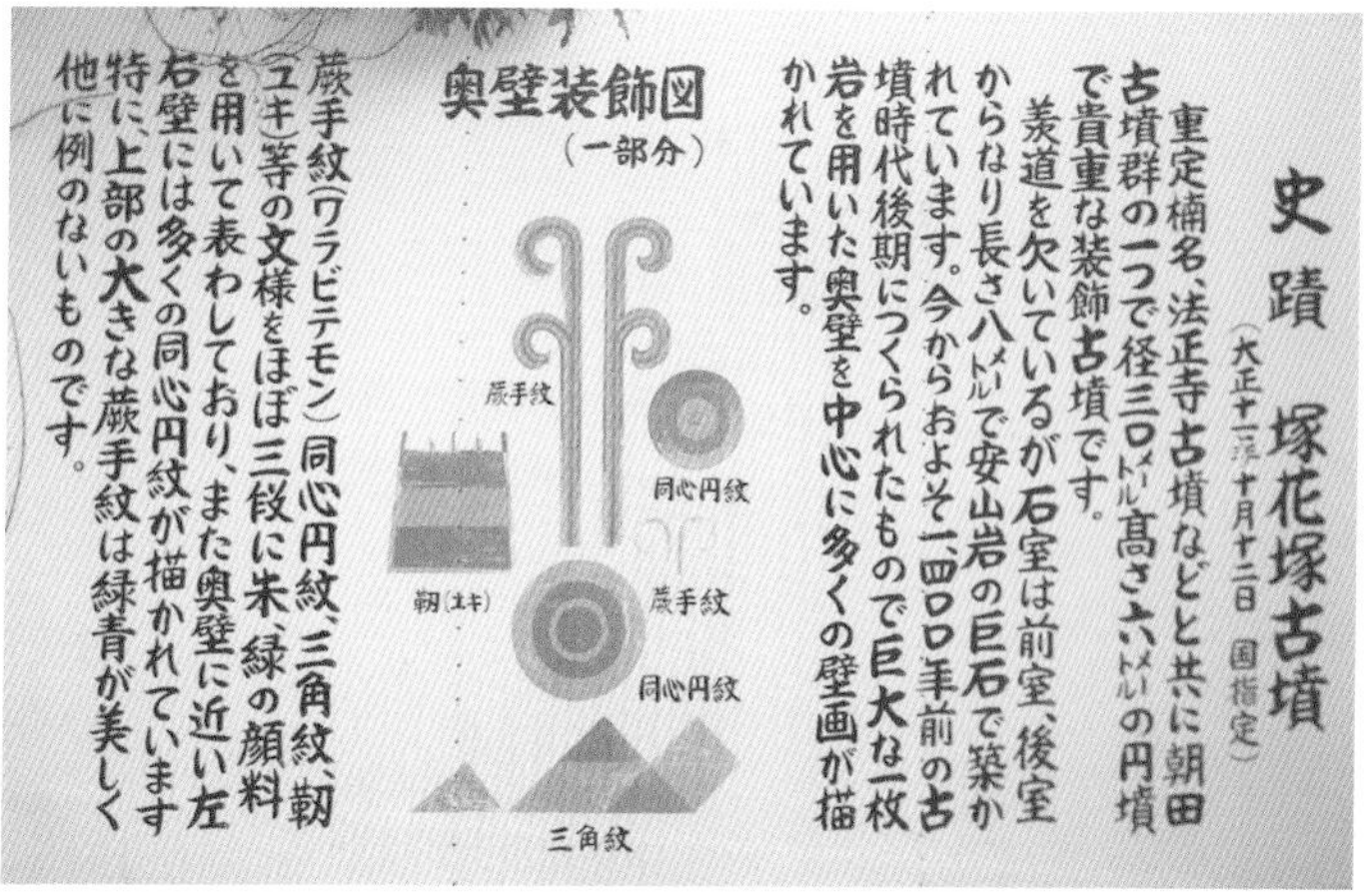
史蹟 塚花塚古墳
(大正十一年十月十二日 国指定)
重定楠名、法正寺古墳などと共に朝田古墳群の一つで径三〇メートル高さ六メートルの円墳で貴重な装飾古墳です。
羨道を欠いているが石室は前室、後室からなり長さ八メートルで安山岩の巨石で築かれています。今からおよそ一四〇〇年前の古墳時代後期につくられたもので巨大な一枚岩を用いた奥壁を中心に多くの壁画が描かれています。
奥壁装飾図
(一部分)
蕨手紋
同心円紋
靭(ユキ)
蕨手紋
同心円紋
三角紋
蕨手紋(ワラビテモン)同心円紋、三角紋、靭(ユキ)等の文様をほぼ三段に朱、緑の顔料を用いて表わしており、また奥壁に近い左右壁には多くの同心円紋が描かれています
特に、上部の大きな蕨手紋は緑青が美しく他に例のないものです。

説明板

聖徳太子は、隋煬帝の国使裴世清を謁見して「……今故清道飾舘以待大使異聞大國惟新之化……」（石原道博氏和訳：いま、ことさらに道を清め、館を飾り、大使を待っている。ねがわくは大国惟新の化を聞かんことを）と述べたとしている。

大和政権は隋の国使裴世清を迎えるにあたって、那の津から飛鳥京に至る往復路の道を拡張整備し、接待のための館を建築するよう命令している。これは隋の大使である裴世清を歓待するための指示であるとともに、大和政権の威令が倭国の隅々まで行き届いている事を、隋の国使達にデモンストレーションする手立てである。

隋の国使裴世清は帰路として九州地方の陸路を選択したのも、九州地方における大和政権の支配力を確認するための偵察行為という目的もあったろう。そしてその道筋、道路は整備され、地方豪族の館を含め多くの接待館が建築され、道路沿いには二百基を超える装飾古墳が築造されていたのである。

聖徳太子の意図は明確である。隋が日本との友好的な外交関係を保てば、隋の都市計画・律令制度・文化・宗教を大いに学び、隋の事実上の同盟国となろうというメッセージである。逆に朝鮮半島併呑の後、日本への侵攻を企図すれば手酷い反撃を被ることになるという警告であったと考える。

聖徳太子は、隋の国使ら十三名を迎えるにあたって、「酒池肉林」とも言えるほどに歓待し隋使一行を骨抜きにしたのである。

そして帰路においては、九州地方を陸路にて案内し、大和朝廷の権威・支配が九州の隅々まで行き届いているとデモンストレーションを実施した。言うなら裴世清ら隋の国使一行をマインド・コントロールしたと考えられる。聖徳太子を筆頭とする大和朝廷官僚の、用意周到な外交戦略を垣間見ることができる。

実は、この推古天皇と聖徳太子の外交政策は現代にも引き継がれている。巨大な中国王朝と従属的な属国にならざるを得なかった周辺諸国は、中国文明や諸制度を受け入れたが、それから一歩も独自に進歩できなかった。漢字を受け入れ使用したものの、儒教と、それに依拠した事大主義により独自の発展は望むべくも無かったのである。

対して、当時の大和朝廷は、中国からの文明や漢字・儒教を取り入れても独自に創造的に発展させた。漢字についても中国語に倣《なら》う音読みから、日本語の発音を基とする訓読みにも独自に変化させてきた。そればかりか、やがては漢字を崩して日本独自の「ひらがな」や「カタカナ」に変化させ、現在の独自の日本語を作り上げたのである。

漢字の影響を受けた多くの周辺国家が漢字を廃しているが、日本は漢字と「ひらがな」「カタカナ」を融合させて、表現豊かな文字文化を開花させている。

また輸入した技術も日本独自に発達させて、豊かな技術力を発達させてきた。

その独自性や創造性は、その後、千四百年後の現在にまで引き継がれている。大国の威嚇や権威主義に流されず、自尊心と独立心を持って今日も毅然とした外交的地位を保っている。これは、世界史上からも稀有な事例ではないだろうか。

5 推古天皇と聖徳太子の壮大な東アジア外交

今回の著述中に、推古天皇と聖徳太子は想像以上に有能で、広大な外交政策を展開していたと考えるようになった。日本・隋の関係歴表を掲げる。

当時の東アジアの情勢は流動的で過酷であった。

西暦五八一年には、隋の楊堅《ようけん》（文帝）が一大帝国を中国に建国して、対外拡張政策を採っていた。敵対する異族には征討を行い、頭を下げて朝貢する蛮族には手厚く慰撫《いぶ》して属国として厚遇したのである。

隋の初代皇帝文帝と二代目煬帝《ようだい》は、中国東北部と朝鮮半島北部に建国していた高句麗《こうくり》の征服を企図して大軍を擁して侵攻を繰り返していた。両皇帝とも、高句麗征服の後は新羅《しらぎ》・百済《くだら》をも征服するつもりであったろう。もしかしたら朝鮮半島征服後は、海を渡って「日本《やまと》」をも征服する野望を企図していたかもしれない。

隋と日本の関係歴表

西暦	中国暦	皇帝名	備　考	和暦	天皇名	備　考
581	開皇１年	楊堅（文帝）	隋を建国する	敏達10年	敏達天皇	
587	開皇7年	楊堅（文帝）		用明２年	用明天皇	
588	開皇8年	楊堅（文帝）	第一次高句麗征伐	崇峻１年	崇峻天皇	
593	開皇13年	楊堅（文帝）		推古１年	推古天皇	聖徳太子を摂政となす
594	開皇14年	楊堅（文帝）		推古２年	推古天皇	大三島神社を創建する
595	開皇15年	楊堅（文帝）		推古３年	推古天皇	高麗僧慧慈帰化する。
596	開皇16年	楊堅（文帝）		推古４年	推古天皇	聖徳太子、道後温泉に湯治する
600	開皇20年	楊堅（文帝）		推古８年	推古天皇	倭王、隋に朝貢する
601	開皇21年	楊堅（文帝）		推古９年	推古天皇	太子、都を斑鳩に造営する
602	開皇22年	楊堅（文帝）		推古１０年	推古天皇	
603	開皇23年	楊堅（文帝）		推古１１年	推古天皇	冠位12階を制定する
604	大業１年	楊広（煬帝）		推古１２年	推古天皇	冠位12階を群臣に賜う。17条の憲法を制定する。
605	大業２年	楊広（煬帝）		推古１３年	推古天皇	
606	大業３年	楊広（煬帝）		推古１４年	推古天皇	
607	大業４年	楊広（煬帝）		推古１５年	推古天皇	推古天皇、隋に大礼小野妹子を派遣する
608	大業５年	楊広（煬帝）		推古１６年	推古天皇	隋の煬帝、裴世清を日本に派遣する。新館を難波の津に造営する。
612	大業９年	楊広（煬帝）	第二次高句麗征伐	推古２０年	推古天皇	
613	大業10年	楊広（煬帝）	第三次高句麗征伐	推古２１年	推古天皇	
614	大業11年	楊広（煬帝）	第四次高句麗征伐	推古２２年	推古天皇	
617	大業14年	楊広（煬帝）		推古２５年	推古天皇	
618	大業15年	楊広（煬帝）	隋の滅亡	推古２６年	推古天皇	

隋の初代皇帝楊堅《ようけん》や周辺諸国の王達も、最終的には高句麗が隋に征服され、その後は高句麗の南に建国している新羅・百済・任那も隋に征服されるのではないかと想像していたに違いない。

現に、開皇八年（五八八年）隋の楊堅は、百万以上の軍を遼東半島・朝鮮北部に派遣して高句麗の攻略を目指している。この征討は高句麗が隋の軍隊に勝利して独立を守り抜いている。

隋の第一次高句麗征討は失敗となったが、依然周辺諸国は隋の脅威に晒《さら》され、いずれ高句麗は隋に征服されると危惧していた。

この第一次高句麗征討時の日本の大王《おおきみ》は崇峻《すしゅん》天皇であった。だがこの天皇はわずか五年の在位で蘇我馬子《そがのうまこ》に誅殺されている。その後を蘇我馬子の姪であった推古《すいこ》天皇が即位し、聖徳太子が摂政に就任している。

東アジアの緊張感に満ちた情勢の中、聖徳太子の対隋外交は以下に掲げるものであったろう。

①隋に使いを派遣し長安の都市計画や律令制度を取り入れて、友好的な外交関係を築き上げる。仮に隋が将来朝鮮半島を併呑したとしても日本への侵攻を阻止できる。

現に隋の文帝の開皇二十年（六〇〇年）聖徳太子は使いを隋に派遣したが、その二年後には「冠位十二階」を定め、また翌年には「十七条の憲法」を発布している。また、軍制も整備している。中国の「牧宰《ぼくさい》（地方王）」のように、百二十人の「軍尼《くに》（国造《くにみやつこ》）」を倭国に設置したとしている。八十戸を一単位として「伊尼翼（稲《いな》置《き》）」を置いている。そして十伊尼翼（稲置）を以て一軍尼（国造）としている。これは聖徳太子が隋に倣《なら》い都を造営し、官僚制度や国の指針を定めるとともに、軍の整備を行うとした施策である。

②高句麗から仏法僧・学者・技術者の渡来を受け入れて、高句麗との友好関係を築き情報の収集に努める。高句麗からは仏法の師として慧慈《えじ》を招き、儒教の経典を高句麗の博士覚哿《かくか》に学んでいる。

③日本国の冊封体制に組み込んでいた百済の支援を行い、度々百済に侵攻していた新羅を征討する。百済からも、多くの仏法僧や学者、技術者を受け入れ大和朝廷のブレインとして幕下に入れている。

④日本国と高句麗の間に位置した新羅は、対高句麗政策として隋との連携を模索していたため、高句麗・百済と日本が連携して新羅包囲網を創り上げて対抗する。新羅は、いわゆる「バランス外交」を採っていた。百済の力が弱まれば侵攻し、大

和政権が朝鮮半島に出兵すれば恭順してきた。また北方の高句麗を隋とともに攻撃し、高句麗滅亡ののちは新羅が取って代わろうとしていた。

大和政権は、新羅を「油断できぬ信義に足らぬ国」と考え、それなりの対応をせざるを得なかった。

推古天皇と聖徳太子の、遠大な東アジア外交政策に驚愕するばかりである。

元々この章では、魏志以降の中国の正史（東夷伝）の考察を行うことで、「邪馬台国の筑後北部地方比定説」を補強することを主眼としてきた。特に魏志倭人伝と隋書倭国伝においては、当代に中国の使いが倭国・大和に訪れていることから、その資料は第一級の価値があると判断している。

結論的には、この目的を達成したと考えているが、思いもかけず邪馬台国以降の「謎の四世紀」と呼ばれた西暦三〇〇年代の倭国についても記述することとなった。

謎の四世紀に在位した天皇は、崇神《すじん》天皇・垂仁《すいにん》天皇・景行《けいこう》天皇・成務《せいむ》天皇・仲哀《ちゅうあい》天皇・（神功《じんぐう》皇后）・応神《おうじん》天皇の六天皇と神功皇后を合わせて七代と推定した。

また五世紀の倭の五王と推古天皇・聖徳太子の治世についても記述することとなった。

これらを著述する中で、九州一円に突如現れた多くの装飾古墳の築造についても、その目的を明らかにしてきたつもりである。

次章では、日本の正史である日本書紀において、邪馬台国に関する記述にメスを入れてみる。

四、大和政権の正史における邪馬台国の取扱にかかる考察

大和政権の正史は、天武十年（六八一年）天武《てんむ》天皇の詔《みことのり》により、川嶋皇子（天智天皇の子）をはじめ十二人の官僚に編纂することが命じられた。

正史編纂の目的は、

①万世一系の天皇系譜を書物として纏めること。

②天皇家の起源を、中国皇帝の起源に肩を並べるほどに古くに創作すること。

③併せて天皇家を支えた豪族達の家譜を明らかにして記述すること。

であった。

正史の編纂を命じられた官僚たちは、大和政権に伝わる帝紀・旧事、豪族の家譜・伝承、奈良時代に作成されたとされる諸国風土記や風土記逸文などを収集して編纂に取り掛かったであろう。また倭国と中国歴代王朝の交渉記録なども取り寄せ、文字を持っていなかっ

た古代大和王朝の歴史を埋める重要な参考資料として利用したと考えられる。

この正史は「日本書紀」として、持統天皇の娘元正天皇の御世、養老四年（七二〇年）に編纂を終えた編纂総裁舎人《とねり》親王により上奏された。実に四十年の時を掛けて作成されたのである。

日本書紀において、邪馬台国とその女王卑弥呼関連の記載がみられるのは、仲哀記の第八巻と神功記の第九巻である。この章では、この仲哀記・神宮記を基に卑弥呼について推理を行っていきたいと思う。

今、仲哀記と神功記における邪馬台国に係る記述を考察する。

1 仲哀記における伊覩国縁起について

まず仲哀天皇の巻に、伊覩《いと?いつ?》国の地名縁起が記載されている。井上光貞氏監訳の日本書紀（上）現代訳（中公文庫）より記載する。

さらに、筑紫の伊覩県主《いとのあがたぬし》の祖である五十迹手《いとて?いそとて?》が、天皇の行幸をうけたまわって、五百枝《いほえ》の賢木《さかき》を抜き取って、船の舳《へさき》と艫《とも》に立て、上の枝には八尺瓊《やさかに》をかけ、中の枝には白銅鏡《ますみのかがみ》をかけ、下の枝には十握剣《とおにぎりのつるぎ》をかけて、穴門《あなと》の引嶋《ひこしま》にお出迎えして、献上した。

そうして奏上して、

「私が、進んでこの物を献上するわけは、天皇が、八尺瓊の勾《まが》っているように、お上手に天下をお治めくだされ、また白銅鏡のように、はっきりと山川や海原をご覧になり、そしてこの十握剣をお帯になって、天下を平定されるようにとのことでございます」

と申し上げた。天皇は五十迹手をお褒めになられて

「伊蘇志《いそし》」

と仰せられた。そこで、時の人は、五十迹手の本土を名づけて、伊蘇国《いそこく》と言った。いま、伊覩《いと》というのは、訛《よこなば》ったものである。

また、同縁起について、筑前風土記逸文、怡土郡条に、

「天皇於レ斯誉二五十跡手一曰、恪乎〈謂二伊蘇志〉、五十跡手之本土、可レ謂二恪勤《いそし》国一、今謂二怡土《いと》郡一訛也」（和訳：天皇がここにおいて、五十跡手を誉めて、ああ伊蘇志

と言われた。五十跡手の本土は、かく勤国《いそし》というべきである。今怡土《いと》郡と言うのは、訛ったものである。）

と記述されている。

日本書紀では怡土郡を伊覩国と称し、風土記逸文では勤国《いそし》が訛って怡土郡となったと地名縁起で表している。伊覩国は魏志倭人伝の「伊都国」に通ずるが、「覩」は「ト・ツ・見る」の意味で、「都」は「ト・ツ・みやこ」の意味なので、両字は似て非なる意味を持つものである。

大宝元年（七〇一年）文武天皇の律令制定の詔による行政区域の設置で、怡土郡と制定されて以来近代まで糸島地方南部は怡土郡なのである。怡土郡の呼称は明治時代まで続き、その北方に位置する志摩郡と合併して怡土志摩郡と称し、後、糸島郡と改称され糸島市へと到る。歴史的にこの地方を伊覩郡と呼称したことはなかったと思われる。

日本書紀の編纂者たちは、大宝元年は日本書紀の編纂期間に含まれており、糸島半島は「怡土郡」と「志摩郡」として律令制度の行政区分であると承知していたはずである。それでは何故、怡土郡を「伊覩国」と強弁する必要があったのであろうか？

その意図は明白である。

事実上の応神王朝の祖である神功皇后と、倭国三十カ国の盟主邪馬台国の卑弥呼は同一人物というのが、日本書紀編纂局の基本的な立場である。

そのためには、魏志倭人伝の記述である末盧国（松浦半島唐津周辺）↓伊都国↓大和畿内地方という旅程地を大和政権に都合良きように設定しなければならない。

末盧国と大和地方はほぼ東西上に位置している。そしてその途中に末盧国から五百里（魏の基準で約四十キロメートル）の位置に伊都国を設定する必要があった。

以上の結果選定されたのが怡土郡であったのであろう。編纂局は、怡土郡を伊都国として強弁したが、末盧国からの伊都国への方向・旅程「東南陸行」という記述は無視されたのである。無視しても支障は現れない。編纂局が天皇に謹呈する日本書紀は宮中深く秘蔵され、それを読むのは時の天皇とその皇族、そして輔弼《ほひつ》する官僚だけである。編纂局が、自らの都合に合わせて牽強付会《けんきょうふかい》したことなど露見することはない。

後世、日本歴史の正史である日本書紀が、広く国民に公開され、誰でも読み自由に解釈し意見を表明するなど、七世紀末の編纂局の舎人《とねり》たちには想像できなかっただけである。

2 神功皇后記における卑弥呼関係の記述について

次に、仲哀天皇崩御後の神功皇后記に邪馬台国関係の記述が現れるので吟味していく。

神功摂政三十九年（二三九年）。是年《ことし》、太歳己未《つちのとのひつじ》。魏志《ぎし》に云《い》はく、明帝《めいてい》の景初《けいしょ》の三年六月、倭の女王、大夫難斗米等を遣して、郡《こほり》に詣《いた》りて、天子に詣《いた》らむことを求めて朝献《ちょうけん》す。太守《たいしゅ》鄭夏（劉夏《りゅうか》）、吏《り》を遣《つかは》して将《い》て送りて、京都《けいと》に詣《いた》らしむ。

神功摂政四十年（二四〇年）。魏志に云《い》はく、少帝《しょうてい》の正始《せいし》の元年に、建忠校尉梯携・（建中校尉《けんちゅうこうい》梯儁《ていしゅん》）等を遣《つかは》して、詔書印綬《しょうしょいんじゅ》を奉《たてまつ》りて、倭国に詣《いた》らしむ。

神功摂政四十三年（二四三年）。魏志に云《い》はく、正始の四年、倭王、復使大夫《またつかいたいふ》伊声者掖耶約等八人《やたり》を遣《つかわ》して上献《じょうけん》す。

魏志倭人伝の記述に合わせて邪馬台国の卑弥呼の魏への朝貢の記録を、神功皇后の和暦で書き記し神功皇后が朝貢したものとみなしている。つまり邪馬台国の女王卑弥呼と神功皇后が同一人物であると、日本国の正史日本書紀は暗示している。

また神功摂政四十六年（二四六年）春三月の事として、斯摩宿禰《しまのすくね》の記述が現れる。記述内容を井上光貞氏監訳の日本書紀（上）現代訳（中公文庫）より記述する。

四十六年の春三月の乙亥の朔に、斯摩宿禰を卓淳国《とくじゅん》（朝鮮慶尚北道大邸《てぐ》）に遣わした（斯摩宿禰は、何という名の氏の人かわからない）。その際、卓淳の王、末錦旱《まきむかん》岐《き》が斯摩宿禰に告げて、

「甲子《きのえね》の年の七月中旬に、百済人《くだらびと》の久氐《くてい》・弥州流《みつる》・莫古《まくこ》の三人が、我が国にやって来て、『百済の王は、東方に日本という貴い国があることを聞き、私たちを遣わして、その貴い国に朝貢させせました。そのため道路をさがして、この国に来てしまったのです。もしよく私たちに教えて、道路を通わせてくだされば、私たちの王は、きっと深く君主を徳といたすでしょう』

と言った。そのとき、久氐らに語って、

『もちろん東に尊い国があることを聞いている。しかし、まだ通交していないので、その道を知らない。ただ海路は遠く、波はけわしい。そこで大船に乗って、やっと通うことができよう。たとえ途中に船つき場があったとしても、船がなくてはどうして渡りつくことができようか』

と言った。そうしたら久氐らは、

『それならば、ただいまは通うことができません。もう一度もどって船舶を用意して、あとで通うことにしたほうがよさそうです』

と言い、またつづけて、

『もし貴い国の使者が来るようなことがあったならば、必ずわが国に知らせていただきたい』

と言って、帰っていった」

と述べた。

そこで斯摩宿禰は、ただちに従者の爾波移《にはや》と卓淳の人の過古《わこ》の二人を百済国に遣わして、その王を慰労させた。そのとき、百済の肖古王《しょうこおう》は、深く歓喜して、あつくもてなした。そして五色の綵絹《しみのきぬ》（彩った絹織物）各一匹、角弓箭《つののゆみや》、それに鉄鋌《ねりかね》（鉄材）四十枚を、爾波移に与えた。また宝の蔵を開いて、いろいろ珍しいものを見せて、

「わが国には多くの珍宝がある。貴い国に貢上しようと思っているけれども、道路を知らない。志だけあって、実現することができない。だが、さらにいま使者に託して、ひきつづいて貢献いたしましょう」

と申した。そこで爾波移は、このことを奉じて帰り、志摩宿禰に報告した。そこで志摩宿禰は卓淳より帰ってきた。

前記の文章の始めでは、「神功皇后は斯摩宿禰《しまのすくね》に命じて卓淳《とくじゅん》国へ使いさせた。しかし斯摩宿禰の素性が何者かは知らない」と記述している。ところが、末尾では「百済国に使いした従者は志摩宿禰《しまのすくね》に報告した」と書き記している。つまり日本書紀の編纂者たちは、斯摩宿禰の素性を知っていながら、あえてその出自を隠そうとした。この斯摩宿禰《しまのすくね》は志摩宿《しまのすく》禰《ね》であり、日本書紀による伊覩国（怡土郡）の北に位置する糸島（志摩《しま》郡・斯馬《しま》國？）を本拠地に置く豪族であることは容易に想像できる。

であるにもかかわらず日本書紀では、斯摩宿禰の本貫地である志摩郡の位置を記述せず曖昧にしているのである。

今、三世紀の糸島半島に海岸線を記入した地形図を参考に掲載する。

三世紀の海水面は、現在より七ないし八メートル高かったため志摩郡は島国であったのだ。現在の今津《いまづ》は半島と陸続きであるが、三世紀の当時の毘沙門《びしゃもん》山（今津）は島であった。加布里湾に突出した鷺の首岬は三世紀には島の形状であり、後年、海水面の低下により陸続きとなったものである。現代では、この糸島本島と鷺の首を結ぶ海浜部分には町道が設置され、周辺地域は船越と命名された。この船越地区は漁師町であり加布里湾に石積みの堤防が張り出して構築され、福岡地方などからの釣り客で賑わっていた。

加布里の西に位置する深江は、三世紀当時は巨大な入江が存在していた。私は、末盧国

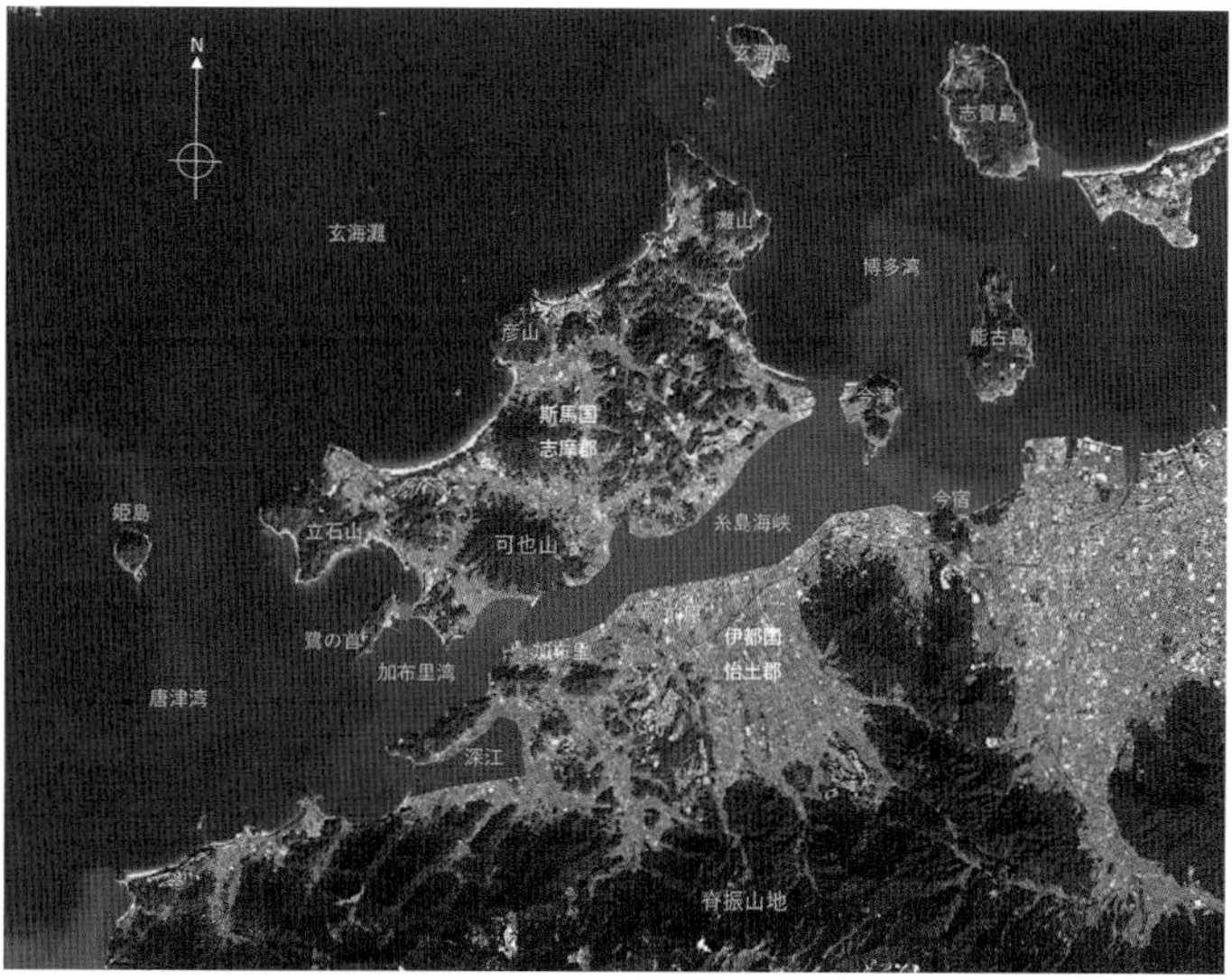

怡土志摩海峡図

出典：国土地理院ウェブサイト（https://mapps.gsi.go.jp/maplibSearch.do#1）

地図データに文字・記号・線を著者が記入して作成。

の唐津から糸島の伊都国に旅するのであれば陸行ではなく水行したに違いないと主張しているが、この深江の入江は緊急避難の湊としても利用できたであろう。

この地形図を見ると、日本書紀の編纂者たちが、志摩郡の位置を曖昧にした理由が見えてくる。魏志倭人伝に伊都国からの旅程国として「斯馬國」の記載が無かったことから、編纂者達は伊都国が怡土郡（糸島市前原町周辺）に存在しなかったと気づいていたのであろう。

怡土郡に魏志倭人伝に記述されている伊都国（伊覩国）が位置していると想定すると、その伊都国の対岸に位置する島国（志摩郡・斯馬国）を本来は無視できない。

魏志倭人伝における伊都国には、他の倭国三十国を検察するため、邪馬台国の女王卑弥呼は一大率を置いている。そして、伊都国は帯方郡の魏使が常に留まるところであり、倭国から京都《らくよう》へ送る貢物また帯方郡から邪馬台国へ送る荷物を点検して錯綜《さくそう》無きようにしていると記されている。官吏も民衆の往来も多く、この伊都国には宿泊施設、監視所も備えていたであろう。

魏使建中校尉《けんちゅうこうい》梯儁《ていしゅん》達や軍事顧問塞曹掾史《さいそうえんし》張政《ちょうせい》が長期間駐留した伊都国の宿舎の目の前には、海峡を挟んで対馬国・壱岐国に次ぐ広さを持つ島国（志摩郡、斯馬国）が広がっていたのである。ならば、不彌《ふみ》国、奴《ど》国に並んで島国（志摩郡・斯馬国）の方向・距離・人口・役人の有無が魏志倭人伝に記録されたはずである。しかし事実はその記録はない。つまり、伊都国から島国（志摩郡・斯馬国）は見えていなかったということになる。
伊都国は倭国における最重要地であり、魏志倭人伝では他の倭国への方向、距離、人口、官吏名などを書き記している。

魏志東夷伝倭人条（抜粋）

……………………………………………東南
陸行五百里到伊都國官曰爾支副曰泄謨觚柄
渠觚有千餘戸世有王皆統屬女王國郡使往來
常所駐東南至奴國百里官曰兕馬觚副曰卑奴
母離有二萬餘戸東行至不彌國百里官曰多模
副曰卑奴母離有千餘家南至投馬國水行二十
日官曰彌彌副曰彌彌那利可五萬餘戸南至邪
馬壹國女王之所都水行十日陸行一月官有伊
支馬次……………………………………………

前記の通り、魏志倭人伝には伊都国からの倭国表記に島国（志摩郡、斯馬国）の記述は無かった。

試みに、伊都国（伊覩国・怡土郡）に魏使一行が滞在して、旅行記に伊都国から望見できる島国を記録したならば以下のように記載された筈である。

魏志東夷伝倭人条（加筆抜粋・太字は著者により挿入）

……………………………………東南
陸行五百里到伊都國官曰爾支副曰泄謨觚柄
渠觚有千餘戸世有王皆統屬女王國郡使往來
常所駐**北渡一海至斯馬國（島國？　志摩郡？）**
官曰兕馬觚副曰卑奴母離有三千餘戸……
東南至奴國百里官曰兕馬觚副曰卑奴母離有
二萬餘戸東行至不彌國百里官曰多模副曰卑
奴母離有千餘家南至投馬國水行二十日官曰
彌彌副曰彌彌那利可五萬餘戸南至邪馬壹國

女王之所都水行十日陸行一月官有伊支馬次

だがこの記述はされなかった。つまり伊都国から糸島海峡越しに島国（斯馬国）は見えなかったからこそ、魏志倭人伝には記載されなかったのである。

結論としては、怡土郡に魏志倭人伝にいう伊都国も、日本書紀にいう「伊覩国」も存在しなかったと判断する方が合理的である。

五、邪馬台国滅亡と大和政権の九州統一

①狗奴国の台頭と邪馬台国滅亡のカウントダウン

魏志倭人伝にて、邪馬台国の衰退については、末尾十行に書き記されている。

魏志東夷伝倭人条（末尾十行抜粋）

・其八年太守王頎到官倭女王卑彌呼與狗奴國男王卑彌弓呼素不和遣倭載斯烏越等詣郡説相攻撃状遣塞曹掾史張政等因齎詔書黄幢拜假難升米爲檄告喩之卑彌呼以死大作冢徑百餘歩徇葬者奴婢百餘人更立男王國中不服更相誅殺當時殺千餘人復立卑彌呼宗女壹與

年十三爲王國中遂定政等以檄告喩壹與壹與遣倭大夫率善中郎將掖邪狗等二十人送政等還因詣臺献上男女生口三十人貢白珠五千孔青大句珠二枚異文雜錦二十匹

この記述を私なりに時系列で記述する。

①正始八年（二四七年）魏の少帝は、帯方太守に王頎《おうき》を任命した。

②倭の女王卑弥呼は、狗奴《くど》国の男王卑弥弓呼《ひみくこ》と仲が悪かった。女王卑弥呼は、倭の載《さい》斯烏越《しうえつ?》等を帯方郡に派遣して、狗奴国との交戦の状況を説明させた。

③魏の少帝は、塞曹掾史張政《さいそうえんしちょうせい》等を帯方郡に遣わし、詔書（賊軍討伐の命令書）と黄幢（黄色の幟。黄色は中国皇帝の色）を持参して倭の難升米に仮に拝受させ、なお檄文を作って卑弥呼に告喩した。

④卑弥呼が死亡した。直径百余歩（直径三十メートルから六十メートル）の塚を作って、殉死する奴婢百余人とともに埋葬した。「卑弥呼は正始九年（二四八年）に死亡したと推定される」

⑤この後、男王を立てたが、国中が従わず相争い千人以上が殺された。
⑥再び卑弥呼の十三歳になる宗女台与を立てて王となすと、倭国中が静謐した。
二四九年頃か？
⑦塞曹掾史張政が、檄を作って台予に告諭した。
⑧台予は、倭の大夫率善中郎将掖邪狗等二十人に張政等を警護させて、本国まで送らせた。
⑨倭の大夫率善中郎将掖邪狗等は、魏の都洛陽に詣《まいり》、男女生口三十人を献上し、白珠五千孔、青大勾珠二枚、異文雑錦二十四を献上した。

この記述の一番の主題は邪馬台国の女王卑弥呼の死亡である。死亡の原因が自然死か、あるいは狗奴国との戦争による敗死などによるものかは判然としない。

死亡した卑弥呼を埋葬するために、直径百余歩の冢《ちょう》（塚）を造り百人の奴婢とともに埋葬されたと記されている。埋葬された「冢」の大きさは、一歩を片足分一尺とすると直径約三十メートルの円形の塚となる。また一歩を両足分二尺とすると直径約六十メートルの塚となる。

この墓に卑弥呼に仕えた百人の奴婢が、卑弥呼とともに殉葬されたとしている。魏志倭人伝にいう殉葬された「百余人の奴婢」というのは、実数百名ではなく「多くの奴婢」という意味であり、実際は十数名の奴婢の殉葬者ということであろう。

卑弥呼に近侍して多くの事柄を、例えば国政を補助した「男弟」や卑弥呼に近く近侍して王宮に出入りしていた「男」との関係、また宗女壹與（台与）の出自など、口外できない秘密を知っていた侍女らの口は、殉葬により封じられたと考えるべきであろう。

本書を著述中に、佐賀県吉野ヶ里遺跡「謎のエリア」にて弥生後期時代の石棺が発見され、佐賀県教育委員会の手により発掘調査が開始されるというマスコミ報道が飛び込んできた。

二〇二三年六月一日から十五日までの約二週間で発掘調査が行われたが、これといった人骨も副葬品も発見されていない。

ただ石棺墓調査で弥生後期時代の墓制について、特徴的な事柄が明らかになった。箇条書きで記述する。

①墓地は、丘陵地の頂上にあり、槨（石室）を持たない円形の塚であること。

石棺について、墓床は土壌のままであること。墓は長さ二メートル、幅〇・四メートル、高さ〇・三メートルに礎石を並べて造成されている。

②側壁の礎石の厚さと比べて、墓を覆う石板は分厚く大きい四枚の石板で覆われていたこと。
③石棺の大きさから被埋葬者は子供か女性と思われるが、石蓋の大きさや副葬品がないことから「鬼道に事《つか》え、能《よ》く衆を惑わす」とした呪術師（シャーマン）とも推定され、埋葬者から再甦《さいせい》を拒否された呪術師の墓である可能性がある。丹《に》の量が少なく床面に殆どないことから、この丹の役割は呪いと死者の再甦を防止するため、石棺の目地に魔除けとして塗布されたものではないだろうか。

発掘された墓が弥生後期の有力者の墓制であることから、卑弥呼の墓も同様の造りではなかったかと想像させる。

魏志倭人伝では、「其死有棺無槨封土作冢：その死には棺あるも槨《かく》（石室）なく、土を封じて冢《ちょう》（塚）を作る」と書き記している。卑弥呼の墓も、槨（石室）を持たない径百歩の冢（塚）であることを十分想像させる。

槨（石室）を持つ円墳が築かれていくのは、卑弥呼の時代より後年の前期古墳時代の墓制であったと推定できる。

また、これ以外にも弥生後期の石棺が北九州市でも発見されている。

北九州市小倉区の医療刑務所跡地で発見された「城野遺跡《じょうのいせき》」である。発掘された石棺の形式は、吉野ヶ里の日吉神社跡地の石棺と同じ女性か子供の墓である。ただ、副葬品として玉・鉄製品などが埋蔵されていた。更に石棺は、丹で満たされており、埋葬者が魔物や災厄から逃れ、いずれは再甦されることを願って埋葬されていたことが窺われる。

卑弥呼の墓は発見されていない。仮に卑弥呼の墓が発見されても、副葬品などは入っていないだろう。魏の少帝から拝受した金印や鏡などの下賜品は、宗女台与に遺贈され権力の象徴として保管されたであろう。

呪術者であった卑弥呼は歳を重ねるに従ってその霊力・カリスマ性を失い、隣国狗奴国との戦争においても敗色が濃厚であった。卑弥呼の死後、霊力とカリスマ性を失った卑弥呼の死体は、その再甦を拒否するため身ひとつで埋葬されたに違いない。もしかしたら卑弥呼の死体はバラバラにされて埋葬されたことも考えられる。

それでは、その卑弥呼の墓は何処に存在したのであろうか？

私は、卑弥呼の墓については、高良山付近の北向きの峰に葬られたと推測しているが、以下の三通りの顛末があると考えている。

①卑弥呼の墓の破却の可能性

狗奴国との戦いに敗れた邪馬台国は、狗奴国に占領されてしまう。卑弥呼に対する宿怨から、狗奴国の兵士らによって卑弥呼の墓は破却されてしまった。掘り出された卑弥呼や殉葬者の遺骸は、焼却され散骨されてしまったであろう。このケースの場合は、卑弥呼の墓は破却されており永遠に発見されることはないだろう。

②後年の神社仏閣や構造物の敷地下に眠っている可能性

二番目の推定として、吉野ヶ里遺跡の謎のエリアで、三世紀の「有力者」の墓が既存の日吉神社敷地の下に残存していた。同様に運よく狗奴国の兵士の略奪を免れた卑弥呼の墓には、その上に神社仏閣が建造され、その敷地の下に卑弥呼は眠っているかもしれない。この場合は、幸運に恵まれれば上物の改築・移転・取り壊しの際に発見される可能性がある。

③未発見のまま密かに保存されている可能性

狗奴《くど》国による卑弥呼の塚の破却を免れたとした場合、卑弥呼の墓は自然の丘陵地帯へと変貌しているであろう。槨《かく》（石室）を持たない卑弥呼の墓は、自然の脅威に曝《さら》され丘陵地の一つに変貌していったであろう。見た目は周辺の丘陵地と変わらず、その墓の周辺には原生林が繁茂してしまう。この場合には、卑弥呼の墓は残存する可能性があるが、その発見には万に一つの僥倖が必要となる。だがこの設定こそ一番ロマンがあり、多くの人々が望む展開であろう。

2 邪馬台国の滅亡

後記魏志倭人伝の末尾四行の記述から受ける印象は、宗女壹與（台与）が狗奴《くど》国との戦いに敗北して奴《ど》国あるいは伊都国まで避難した上で、軍事顧問である張政等に護衛をつけて帯方郡を経由して魏の洛陽に帰還させたように見える。

魏志東夷伝倭人条（抜粋）

……………………政等以檄告喩壹與壹與

遣倭大夫率善中郎將掖邪狗等二十人送政等

還因詣臺献上男女生口三十人貢白珠五千孔青大句珠二枚異文雑錦二十匹

和訳：石原道博氏

政（塞曹掾史張政）等、檄を以て壱与を告喩す。壱与、倭の大夫率善中郎将掖邪狗等二十人を遣わし、政等の還るを送らしむ。因って台に詣り、男女生口三十人を献上し、白珠五千孔・青大句珠二枚・異文雑錦二十匹を貢す

三世紀の中葉二五〇年ごろ、狗奴国の卑弥弓呼《ひみくこ?》は邪馬台国を征服するため北上を開始した。魏の軍事顧問張政の支援を受けながら、邪馬台国の女王である壹與（台予）は、懸命に防戦するものの敗北へと向かっていった。狗奴国の兵士たちに追い詰められた壹與（台予）と卑弥呼の男弟ら王族たちは、筑後川を渡河して隣国である奴国へと避難するしか手立てがなかった。

壹與（台予）は、魏の張政ら軍事顧問団に護衛をつけて、伊都国、末盧国を経由して洛陽へと送り返した。魏から軍事顧問団として伊都国に駐留した張政たちに、害が及ぶことを避けたかったのであろう。

最終的には、壹與（台予）や卑弥呼の男弟たちは、避難先の奴国で死亡したか、あるいは倭国三十国の最重要地である伊都国まで逃避して死亡したものと考えられる。

邪馬台国の滅亡である。

西暦二五〇年頃のことと推定される。

③ 投馬国の東方への避難と原大和勢力との融合

邪馬台国の南に位置していた狗奴国の王卑弥弓呼《ひみくこ》は、西暦二五〇年頃邪馬台国と交戦しながら北上を目指した。

邪馬台国の位置した耳納山地《みのうさんち》は北方面からの攻撃には強いが、南方面からの攻撃には脆弱な地形である。邪馬台国の女王壹與（台予）は懸命に防戦するものの、やがて戦争に敗れ、筑後川を越えて奴国・伊都国に避難したであろう。

邪馬台国を占領した卑弥弓呼は、宿敵邪馬台国を滅した後、北部九州に位置している倭国の征服をも果たすつもりである。

邪馬台国を滅ぼした狗奴国王卑弥弓呼は、筑後川以南の広大な領地と財物を手に入れ強大な軍事国家へと変貌している。

彼は更に北上するつもりであったが、その前に後顧の憂いを断つために投馬国を征討しなければならない。投馬国は邪馬台国に次ぐ強国で日向（宮崎県）地方に蟠踞《ばんきょ》していたため、狗奴国の卑弥弓呼は、熊襲《くまそぞく》族と隼人《はやとぞく》族に共闘を呼びかけて投馬国に侵攻する。投馬国を討ち滅ぼして占領の後は、熊襲族と隼人族に分け与えるつもりであった。狗奴国王卑弥弓呼にとっては、北部九州には、膨大な財宝と中国との通交による利益が待っている。むしろ投馬国統治には関わらない方が得策である。

投馬国の北からは狗奴国が、西からは熊襲族が、そして南からは隼人族が攻撃を仕掛ける。強国投馬国もこれらの攻撃には抗しきれず、投馬国王ら王族や一族・王に臣従する豪族たちは東方へ避難せざるを得なかった。

彼らが、海路瀬戸内海を東へ航行して移住した大島が「淡路洲《あわじのくに》」であったと推定出来る。投馬国から東方へ避難した王族たちは、淡路島の西岸多賀《たか》の里《さと》周辺に上陸したのではないだろうか？　この地は、淡路島の西に位置する小豆島の北航路を東へ航行して最短距離で到着できる。

古代三世紀の当時、海面は現在よりも七〜八メートルも高く、海水面は内陸部まで入り込んでいた。現在の伊弉諾神宮《いざなぎじんぐう》近辺まで海水面が入り込み、その地へ船を乗り入れ上陸することが可能であった。

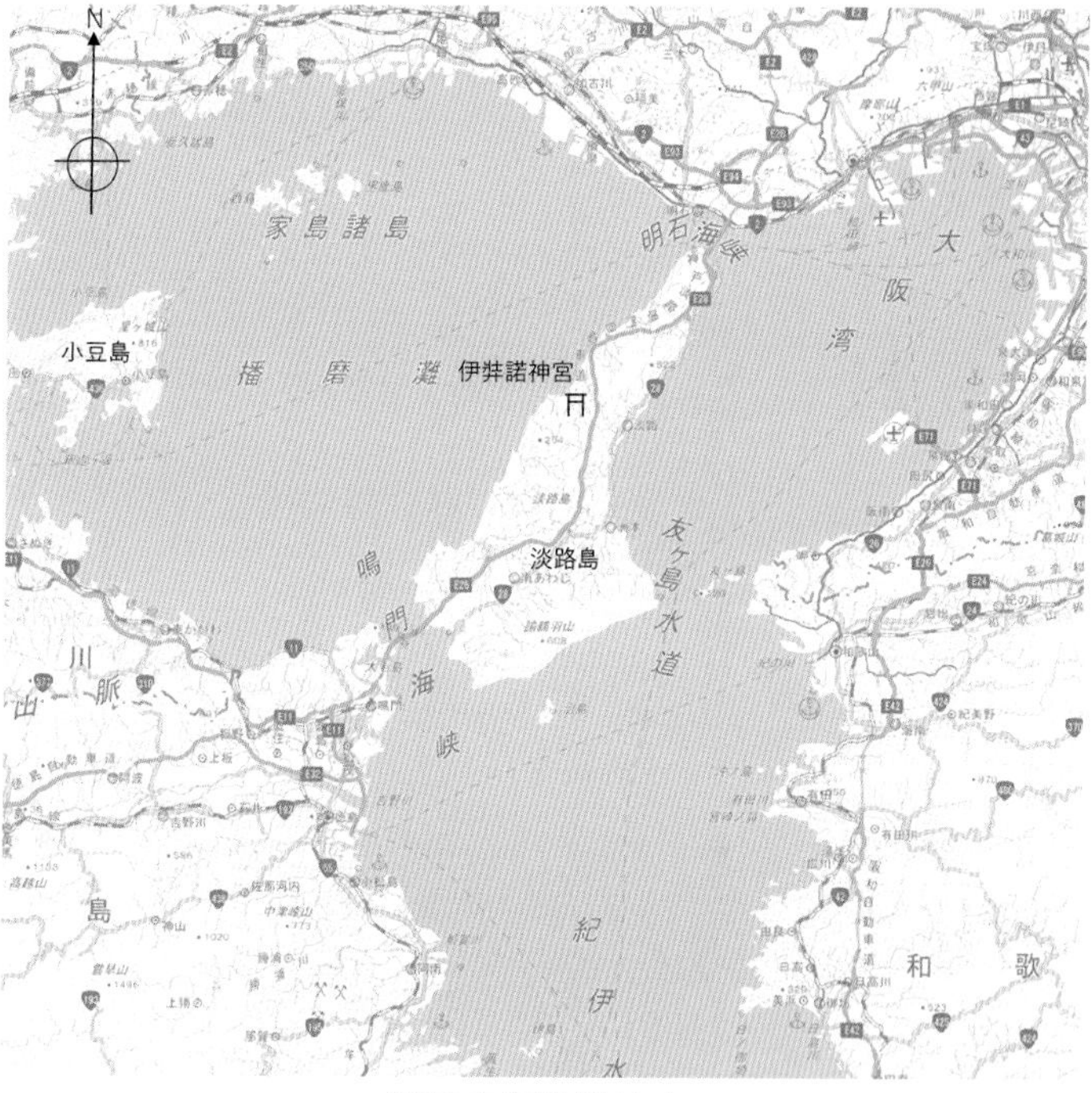

淡路島伊奘諾神宮

出典：国土地理院ウェブサイト（https://mapps.gsi.go.jp/maplibSearch.do#1）

地図データに文字・記号・線を著者が記入して作成。

伊弉諾命《いざなぎのみこと》と伊弉冉尊《いざなみのみこと》は淡路島をまず国産みして、次に大日本豊秋津洲《おおやまととよあきつしま》（近畿地方）を国産みしたという日本書紀の記述から判断すれば、淡路島東岸に伊弉諾神宮《いざなぎじんぐう》を創建すると考えるのが常識的である。しかし実際は、淡路島の西岸に伊弉諾神宮《いざなぎじんぐう》が建立され、西方海上に臨んでいる。

これはこの地が日向から避難してきた投馬国王族の上陸した土地であり、故に聖地となったものであろう。この土地の海岸地帯の高地には、後続してくる倭国からの避難者の目印として、海上から視認できる巨大な道標が建築されていたかも知れない。

次頁に二枚の写真を掲載している。

まず一枚目は、淡路島多賀の里に創建された伊奘諾神宮の正面写真である。この正面入り口で標高は十二メートルあり社地は南北に築造されている。現在境内地はほぼ平地であるが、古代三世紀には、地形は南から北へ張り出した丘陵地であったことが窺われる。

二枚目の写真は、伊奘諾神宮・郡家の湊周辺の空中写真地図（国土地理院ウェブサイト）に、古代の海水面の状況を描画して作成した地勢図である。この社地の北側に郡家川が東から西へ湾曲しながら流れ下っている。

古代三世紀には、郡家の市街地は海水面下に位置しており、また満潮時の海水面は伊奘諾神宮が建立された丘陵地近くまで入り込んでいた。

伊奘諾神宮

郡家の入江

出典：国土地理院ウェブサイト（https://mapps.gsi.go.jp/maplibSearch.do#1）
地図データに文字・記号・線を著者が記入して作成。

このことから、九州東岸から避難してきた倭国の人々は、船により郡家川を遡上し、緩やかな丘陵地（伊奘諾神宮敷地）付近まで乗り入れることができたであろう。

淡路島に移住した投馬国の王族は、その東に武威を張る大和地方の豪族と婚姻政策を介して大和政権の礎となっていく。投馬国の王族の娘は大和地方の王族に嫁ぎ、大和地方の王族の娘は投馬国の王族の男に嫁ぎ融合していく。またそれぞれの豪族たちも、同様に融合していく。

時の大和政権の大王《おおきみ》は崇神《すじん》天皇であるが、彼は後宮《こうきゅう》に「遠津年魚眼眼妙媛《とおつあゆめまくわしひめ》」を妃《みめ》として入れている。「遠津《とおつ》」の名称からは、九州の豊前《ぶぜん》・豊後《ぶんご》・日向《ひゅうが》の海岸地域を想像させる。また「年魚《あゆ》」という言葉からも九州地方の豊かな河川を想像させる。そして、この妃が出産した二人の子の名前が「豊城入彦命《とよきいりびこのみこと》」と「豊鍬入姫命《とよすきいりびめのみこと》」という。豊《とよ》という言葉から、その母親が九州東岸の出身であることをさらに連想させるのである。

特筆すべきは、この豊鍬入姫命《とよすきいりびめのみこと》は、大和朝廷の皇祖神天照大神《あまてらすおおみかみ》をご本神とする原伊勢《げんいせ》神宮《じんぐう》を創建したとされる皇女なのである。彼女は、大和笠縫邑《やまとかさぬいのむら》に神籬《ひもろぎ》（竹や榊《さかき》で囲って祀《まつ》った神社）を建て、天照大神をお祀りしたとされる。

その後、垂仁《すいにん》天皇の娘倭姫命《やまとひめのみこと》が豊鍬入姫命と交替して、今の伊勢の地に伊勢神宮として遷宮したという。豊鍬入姫命《とよすきいりびめのみこと》は倭姫命《やまとひめのみこと》の叔母になる。この伊勢神宮の内宮《ないくう》は天照大神がご祭神であるが、外宮《げくう》のご祭神は豊鍬入姫命である。また外宮の敷地内に、多賀宮《たかのみや》・土宮《つちのみや》・風宮《かぜのみや》と別宮が建築されている。淡路島の伊弉諾神宮《いざなぎじんぐう》が創建されている地名は淡路島の「多賀の里」であり、伊勢神宮外宮の別宮が「多賀宮」というのである。

豊鍬入姫命《とよすきいりびめのみこと》の母親「遠津年魚眼眼妙媛《とおつあゆめまくわしひめ》」が淡路島出身であり、更に九州から東方へ避難してきた投馬国の王族、あるいはその末裔であることを指し示していると考えている。

日本書紀にいう「神武天皇の東征」は、実際は投馬国王族の「東方への避難」というべきである。投馬国の王族は、大和政権の大王《おおきみ》に九州地方の情勢や大陸からの文明・技術を伝え、大和政権と融合することにより、やがては大和政権の倭国統一の先兵となっていたであろう。彼らは、喜んで狗奴国・熊襲・隼人族への復讐の戦いに馳せ参じたに違いない。そして九州地域での投馬国の失地回復を実現したのである。

大和朝廷の事実上の初代天皇である崇神《すじん》天皇は、大王に即位後は、四道将軍を東国・北陸・中国・四国・九州地方に派遣して倭国統一へと進んでいったと日本書紀に書き記されている。

一方、投馬国を滅ぼした狗奴国は、筑後川を越えて奴国・不彌国・伊都国・末盧国など倭国三十国の併合を実現したと思われる。西暦二五一年から二六五年くらいの出来事と考えられる。

第二次、第三次の「神武天皇東征」が発生したであろう。

倭国二十国のうち、九州東海岸に位置した倭国は、強大な軍事力と経済力を有した狗奴国の攻撃に晒され、相次いで東方へと避難していった。

第二次の「神武天皇東征」は、投馬国（日向国）の北大分地方に位置していた倭国であったろう。

そして第三次の「神武天皇東征」はさらにその北に位置していた宇佐地方の倭国の王族であったろう。その避難先は、投馬国の王族が漂着した淡路島であったと推定できる。

彼ら狗奴国の攻撃から逃れた倭国の王族たちは、この淡路島に一大コミューンを創り上げ、大陸から伝わった文明と最新の製鉄技術・精錬技術を伝えた。

五斗長垣内《ごっさかいと》遺跡をはじめ、島内では多くの踏鞴製鉄《たたらせいてつ》が行われた痕跡がある。九州地方から東へ逃れた勢力が、大和地方の豪族と融合して原大和政権の誕生となった。故に、日本書紀神代紀の神話においても、淡路島は日本で最初に国産みされた国「淡路洲《あわじしま》」としての栄誉を得たのである。

ここで、大和朝廷の皇祖神にかかる後年のエピソードを紹介したいと思う。

神護景雲三年（七六九年）、称徳《しょうとく》天皇の寵愛を受けていた弓削道鏡《ゆげのどうきょう》は、「道鏡を皇位に就かせたならば国は安泰する」という宇佐神宮の偽の御宣託を、習宣阿曾麻呂《すげのあそまろ》（太宰主神《だざいのかんづかさ》・道鏡の実弟）に奏上させた。朝廷は大騒ぎになったが、称徳天皇は、真贋の程を確認するために和気清麻呂《わけのきよまろ》を宇佐神宮に派遣した。

和気清麻呂は、宇佐神宮に赴き、「我が国は開闢《かいびゃく》以来、君臣の分が定まっている。臣下をもって君となすこと未だ無いことである。天皇の皇嗣には皇緒を立てよ。無道の人は宜しく掃除すべし」という御宣託を持ち帰った。

道鏡は激怒して、和気清麻呂を大隅国《おおすみのくに》（鹿児島）に流したという説話である。

ただこれは、とんでもなく奇妙な出来事にしか見えない。

大和朝廷の皇祖神は天照大神《あまてらすおおみかみ》であり、伊勢神宮に鎮座しているのである。ならば、朝廷がその皇嗣について御宣託を求めるのであれば、伊勢神宮でなければ理屈に合わない。確かに宇佐神宮は、神功皇后《じんぐうこうごう》・応神天皇《おうじんてんのう》・比売大神《ひめおおかみ》の三神を祭神としているが、伊勢神宮の祭神天照大神《あまてらすおおみかみ》と比べれば格が落ちると言わざるを得ないのである。

それにもかかわらず宇佐神宮の御宣託を受けることが妥当だと当時の朝廷・官僚が判断したのであれば、大和朝廷の設立に九州地方の王族や豪族が深く関わっていたのではと推定せざるを得ないのである。これまで記述してきた「神武天皇の東征」は、九州地方を本拠としていた倭国の「東方への避難」という主張に真実性が感じられる。

閑話休題

二六五年、魏から皇位の禅譲を受けた西晋の建国にあたり、西晋の武帝に朝貢した倭王とは、北部九州の大部分を征服した狗奴国王であったに違いない。

西晋建国の祖となった司馬懿仲達《しばいちゅうたつ》は魏の大将軍であり、二三八年遼東半島の公孫氏を滅ぼしている。この大勝利を受けて、邪馬台国の卑弥呼は朝貢してきたのである。司馬懿仲達やその子文帝、孫の武帝から見れば、邪馬台国の女王卑弥呼については大いに親しみを持っていたであろう。

だが晋書四夷伝での、倭王の朝貢記述は素気なさすぎる。その記述からは、喜びも親しみも感じられない。この事からも西晋に朝貢した倭王とは、邪馬台国の女王壹與（台予）ではなく狗奴国王と推察できるのである。

そして北部九州を支配した狗奴国も、三世紀の末から四世紀にかけて、大和政権に征討されて滅亡したと考えられる。

日本書紀によれば大和政権の歴代王朝は、九州の土蜘蛛《つちぐも》・熊襲《くまそ》・隼人族《はやとぞく》の討伐をしばしば実施している。「土蜘蛛」は狗奴国の王やその末裔に対する蔑称《べっしょう》であったろう。

第十二代景行天皇、第十四代仲哀天皇・神功皇后、第二十一代雄略天皇、第二十九代継

体天皇など、盛んに九州の土蜘蛛、熊襲、隼人族を不倶戴天の仇敵のごとく討伐を繰り返している。

大和朝廷の歴代天皇の記憶に、投馬国や東遷した倭国の王族の狗奴国に対する怨念が、遺伝子レベルで継承されているのであろう。

六、まとめ

これまで、魏志倭人伝をはじめとして隋書倭国伝までの中国の正史と、日本の正史日本書紀により邪馬台国比定地の考察を行ってきた。

また九州地方の地勢からも、邪馬台国の最適候補地を推定してきた。様々な資料を忠実に吟味し地勢とも比較考察した結果、「邪馬台国は、福岡県久留米市・八女地方に位置していた」と比定する前作の結果を再確認することができたと自負している。

また、考察を進める中で、「謎の四世紀」や「倭の五王」さらに推古天皇と聖徳太子の事蹟や、装飾古墳の築造の目的についても言及することとなった。

更に日本書紀における神武天皇東征記述や、大和朝廷成立まで記述することとなってしまった。

ただ、日本書紀の仲哀記や神功皇后記を読み下しなお理解する上で、六十干支《ろくじゅうかんし》による年表記には悩まされた。

十　干

十干	音読み	五行	陰陽	五行陰陽	訓読み
甲	こう	木	陽（兄）	木の兄	きのえ
乙	おつ		陰（弟）	木の弟	きのと
丙	へい	火	陽（兄）	火の兄	ひのえ
丁	てい		陰（弟）	火の弟	ひのと
戊	ぼ	土	陽（兄）	土の兄	つちのえ
己	き		陰（弟）	土の弟	つちのと
庚	こう	金	陽（兄）	金の兄	かのえ
辛	しん		陰（弟）	金の弟	かのと
壬	じん	水	陽（兄）	水の兄	みずのえ
癸	き		陰（弟）	水の弟	みずのと

十　二　支

十二支	音読み	訓読み	五行
子	し	ね	水
丑	ちゅう	うし	土
寅	いん	とら	木
卯	ぼう	う	木
辰	しん	たつ	土
巳	し	み	火
午	ご	うま	火
未	び	ひつじ	土
申	しん	さる	金
酉	ゆう	とり	金
戌	じゅつ	いぬ	土
亥	がい	い	水

六　十　干　支

番号	干支	音読み	訓読み	番号	干支	音読み	訓読み
1	甲子	こうし	きのえね	31	甲午	こうご	きのえうま
2	乙丑	いっちゅう	きのとうし	32	乙未	いつび	きのとひつじ
3	丙寅	へいいん	ひのえとら	33	丙申	へいしん	ひのえさる
4	丁卯	ていぼう	ひのとう	34	丁酉	ていゆう	ひのととり
5	戊辰	ぼしん	つちのえたつ	35	戊戌	ぼじゅつ	つちのえいぬ
6	己巳	きし	つちのとみ	36	己亥	きがい	つちのとい
7	庚午	こうご	かのえうま	37	庚子	こうし	かのえね
8	辛未	しんび	かのとひつじ	38	辛丑	しんちゅう	かのとうし
9	壬申	じんしん	みずのえさる	39	壬寅	じんいん	みずのえとら
10	癸酉	きゆう	みずのととり	40	癸卯	きぼう	みずのとう
11	甲戌	こうじゅつ	きのえいぬ	41	甲辰	こうしん	きのえたつ
12	乙亥	いつがい	きのとい	42	乙巳	いつし	きのとみ
13	丙子	へいし	ひのえね	43	丙午	へいご	ひのえうま
14	丁丑	ていちゅう	ひのとうし	44	丁未	ていび	ひのとひつじ
15	戊寅	ぼいん	つちのえとら	45	戊申	ぼしん	つちのえさる
16	己卯	きぼう	つちのとう	46	己酉	きゆう	つちのととり
17	庚辰	こうしん	かのえたつ	47	庚戌	こうじゅつ	かのえいぬ
18	辛巳	しんし	かのとみ	48	辛亥	しんがい	かのとい
19	壬午	じんご	みずのえうま	49	壬子	じんし	みずのえね
20	癸未	きび	みずのとひつじ	50	癸丑	きちゅう	みずのとうし
21	甲申	こうしん	きのえさる	51	甲寅	こういん	きのえとら
22	乙酉	いつゆう	きのととり	52	乙卯	いつぼう	きのとう
23	丙戌	へいじゅつ	ひのえいぬ	53	丙辰	へいしん	ひのえたつ
24	丁亥	ていがい	ひのとい	54	丁巳	ていし	ひのとみ
25	戊子	ぼし	つちのえね	55	戊午	ぼご	つちのえうま
26	己丑	きちゅう	つちのとうし	56	己未	きび	つちのとひつじ
27	庚寅	こういん	かのえとら	57	庚申	こうしん	かのえさる
28	辛卯	しんぼう	かのとう	58	辛酉	しんゆう	かのととり
29	壬辰	じんしん	みずのえたつ	59	壬戌	じんじゅつ	みずのえいぬ
30	癸巳	きし	みずのとみ	60	癸亥	きがい	みずのとい

日本書紀の暦法は十干と十二支の組み合わせにより六十年を一クールとして表記されている。現代においても継承され、私たちに身近な還暦法である。ただこの暦法は西暦や中国の暦法に全くリンクしていないのである。

例えば、六十干支によれば、「甲子《きのえね》」と言う年度は、六十一年後に同じく「甲子《きのえね》」という年度として繰り返されていく。これは仮に六百年の歴史として考えると、この間、十回も同じ年度が表記されることとなる。

古代史で有名な歴史的事実の一つに「壬辰《じんしん》の乱」があるが、これは天武天皇元年で、西暦では六七二年の出来事となっている。これを六十干支で表すと「壬辰《みずのえたつ》」となり、六十干支では二十九番目の年譜となる。六十干支で年譜を記されると、実際は西暦何年の事か不明となってしまう。

ただ、日本書紀を編纂した舎人《とねり》達にとっては、都合の良い年表記とも言える。思うままに年設定が可能となり、万世一系の天皇系譜を紀元前七世紀までフレーム・アップすることが出来たのだ。

多くの古代史研究者が、この六十干支による年表記に惑わされ、古代史の迷路に落ち込んでいったに違いない。

私は、やむを得ず、統計学的手法により古代史の解明を試みた。倭の五王の朝貢記録から、古代天皇平均在位期間を算出して、崇神天皇以降の天皇の在位期間を推定するというものである。この結果古代天皇の平均在位期間を十五年とした。

仮に古代天皇の即位が二十歳で在位期間が十五年ならば、当時の大王《おおきみ》の平均寿命は三十五歳となる。紀元四世紀・五世紀であれば、平均寿命三十五歳というのは、案外適切ではなかろうか。「当たらずとも遠からず」という感覚である。

実は天武天皇の詔によって編纂が始まり、元明天皇（在位七〇七〜七一五年）の和銅五年（七一二年）に完成した古事記において、古代の歴代天皇の寿命は短かったという縁起が書き記されている。

古事記上巻に収められている「木花之佐久夜毗売《このはなのさくやびめ》」の記述であるが、中村啓信氏口語訳文により掲載する。

そして、天津日高日子番能迩々芸命《あまつひこひこほのににぎのみこと》は、笠紗《かささ》の岬《みさき》で容姿端麗な美人《おとめ》に出遭った。そこで、「誰の娘か」とお聞きになった。答えて、「大山津見神《おおやまつみのかみ》の娘で、名は神阿多都比売《かむあたつひめ》、別名木花之佐久夜毗売《このはなのさくやびめ》といいます」と申した。また、「おまえには兄弟がいるか」とお聞きになると、答えて、「私の姉石長比売《いわながひめ》がおります」と申した。そこで迩々芸命《ににぎのみこと》は、「我はおまえと結婚したいと思う。どうか」と仰せられた。佐久夜毗売は答えて、「私めは申し上げかねます。私めの父、大山津見神が申し上げることでございましょう」と申した。そこでその父の大山津見神に求婚の使者を立てた時に、大《おお》山津見神《やまつみのかみ》はたいそう喜んで、その姉の石長比売を副《そ》え、たくさんの結納《ゆいのう》の品々を持たせて献上した。ところが、その姉はひどく醜《みにく》かったので、迩々芸命《ににぎのみこと》はひと目見て恐ろしいと思って送り返し、ただその妹の木花之佐久夜毗売《このはなのさくやびめ》を手許《てもと》において、一夜の契りを結ばれた。その大山津見神は、迩々芸命が石長比売をお返しになったために、たいそう恥じて物申す使者を立て、「我が娘を二人一緒に差し上げましたわけは、石長比売をお召しになったならば、お生まれになった天つ神のご子孫のご寿命は、雪降り風吹くとも、久しく岩のごとく不動堅固にいらっしゃることでしょう。また木花之佐久夜毗売をお召しになれば、天つ神のご子孫は、桜の花の咲き栄えるよう栄えておいでになりましょうと、予《あらかじ》め誓約《うけい》を立てて差し上げました。しかしながら石長比売をお返しになり、独り木花之佐久夜毗売をお留めになりました。このために天つ神のご子孫の御寿命は、桜の花の盛りの間だけお有りでございましょう」と申した。このことがあったために、今に及ぶまでも天皇たちの御寿命は長くないのである。

古事記が編纂された和銅五年（七一二年）は、日本書紀の編纂時期と重なっており、当時の日本書紀編纂局員や知識人の間では、古代の天皇の寿命は短かったと認識していたと容易に推察できる。この記述は日本書紀では「一書《あるふみ》に曰はく」として本文から外れる逸話としているが、流石に日本の正史として「歴代天皇の御寿命は短かった」とは書き記すことができなかったであろう。

先に述べた通り、古代天皇の寿命は統計学的に考察して「三十五年前後」という主張に真実性があると思われるのである。

また、地図・空中写真・図表・現地写真などを多く掲載して、文字のみならず視覚による理解を目指した。難解にかつ詳細に記述しても、一枚の写真や図表には敵わない。また図表を作成することで、私自身の理解も深く進む事となった。

さらに私自身に北部九州とりわけ久留米市・佐賀県付近の土地勘があること。また地図に掛かる事業に長く関わってきたことは、今回の著述に関する私のアドバンテージであったと考えている。

さて、今回の著述が本当に正解なのかどうかは自信がない。しかし、古代史を研究する上で一つの考え方の提示であり、今回の出版を受けて、多くの研究者の参考になれば幸いである。

参考文献

『魏志倭人伝他三篇』石原道博編訳
『日本書紀（上）』井上光貞監訳　川副武胤・佐伯有清訳
『日本書紀（下）』井上光貞監訳　笹山晴生訳
『日本書紀』（全五巻）坂本太郎・家永三郎・井上光貞・大野晋校注
『古事記』中村啓信訳注
『続日本紀』（一、二巻）青木和夫他三名校注
「地図・空中写真閲覧サービス」国土地理院
「基準点成果等閲覧サービス」国土地理院
「志賀島・玄界島　遺跡発掘事前総合調査報告書」福岡市教育委員会
『金印偽造事件』三浦佑之

二人の於安

主な登場人物

龍造寺山城守隆信	肥前の戦国大名。
宗誾尼	龍造寺隆信の室。水ケ江龍造寺和泉守家門の娘。
龍造寺豊前守胤栄	肥前龍造寺家本家村中城の総領。二十五歳の若さで没する。
安　子（於安）	龍造寺胤栄と宗誾尼の子。隆信の継子となる。
小田弾正少弼鎮光	蓮池城主小田政光の嫡男。安子を娶って隆信の婿となる。
龍造寺太郎四郎	隆信の長男。後の政家。安子とは父違いの姉弟になる。
有馬晴純の孫	有馬御前。政家に嫁ぐ。
後藤貴明の娘	政家の後室。政家妻死亡の後政家に嫁ぐ。
安　子	政家と有馬御前の娘。毛利吉政に嫁ぐ。
毛利壱岐守吉成	豊前小倉城主。関白秀吉の信任篤く六万石を知行。
毛利豊前守吉政	毛利壱岐守吉成の嫡子。安子を妻とする。後勝永と称す。
鍋島信昌（直茂）	肥前鍋島藩の開祖。加賀守。龍造寺政家の後見人。
小田常陸介増光	小田政光の三男。兄二人と別れ龍造寺隆信に臣従した。

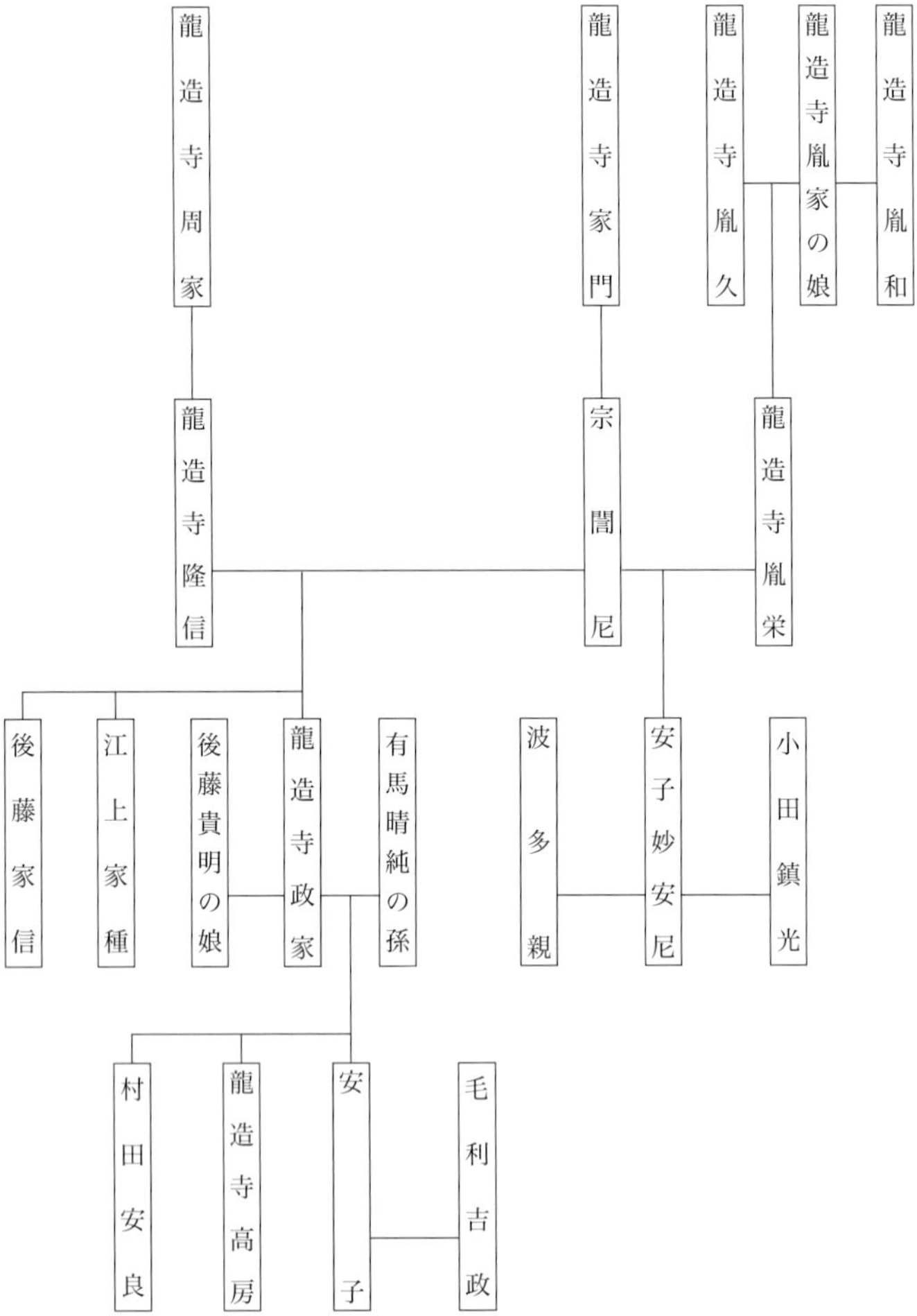
龍造寺胤和
龍造寺胤家の娘
龍造寺胤久
龍造寺家門
龍造寺周家
龍造寺胤栄
宗誾尼
龍造寺隆信
小田鎮光
安子妙安尼
波多親
有馬晴純の孫
龍造寺政家
後藤貴明の娘
江上家種
後藤家信
毛利吉政
安子
龍造寺高房
村田安良

龍造寺胤栄・隆信家系図

一、龍造寺隆信、小田弾正少弼鎮光謀殺の事

元亀二年（一五七一年）三月某日、佐賀城の奥の間で龍造寺山城守隆信《りゅうぞうじやましろのかみたかのぶ》主催にて諸将の慰労の宴が開かれていた。

昨年の今山合戦大勝利の後、これまでも合戦に功績のあった一族や宿将らを労う宴が開かれていた。今夜招かれたのは鍋島豊前守信房《なべしまぶぜんのかみのぶふさ》、鍋島左衛門太夫信昌《なべしまさえもんたゆうのぶまさ》、納富但馬守信景《のうとみたじまのかみのぶかげ》、その叔父の納富石見守信門《のうとみいわみのかみのぶかど》の四名であった。

いずれも昨年の今山合戦で、大友勢を撃破した功績を持つ面々であった。

「先ず以て、当家の武威四周に広がる事、終着至極にございます」

納富信景が、四名を代表して隆信に祝辞を述べた。

「如何《いか》にも。其方《そなた》らが武功によるもの。目出たい限りである」

隆信も、昨年八月、大友宗麟《おおともそうりん》の龍造寺退治の危機を脱出し、近辺の敵対者の討伐も順調に進んでおり上機嫌であった。多くの国人領主が、反抗する者は討伐され、付き従う者は神文を出して臣従を誓ってきている。

「本日は、宴にお招きいただき忝《かたじけ》のうございます」

鍋島信房も、宴に招かれた感謝の意を述べた。

「今宵は、共に宴を楽しもうではないか。酒も肴も用意しておる。存分に過ごそう」

隆信が柏手を打つと、近習勝家勝一軒《かつやしょういちけん》の差配のもと、小姓衆が五合徳利と料理を盛り付けた折敷を捧げ持って書院に入り、主君隆信と四人の客の前に配膳していった。

「さっさ、遠慮は無用。充分に嗜もうぞ」

隆信は立ち上がると、しきりに恐縮する諸将の大盃に手ずから酒を満たした。

「まずは目出たい」

隆信も四人の宿将も、両手で盃を目の高さまで掲げて小礼すると、グイッグイッと酒を飲み干した。

「多久《たく》の梶峰《かじみね》城には長信《ながのぶ》（弟：龍造寺和泉守長信《りゅうぞうじいずみのかみながのぶ》）を城番として置き、松浦勢や波多三河守親らの押さえとしておる。信周《のぶちか》（弟：龍造寺左馬頭信周《りゅうぞうじさまのかみのぶちか》）は、杵島《きしま》郡小田に置いて、高来《たかき》の有馬義純《ありまよしずみ》・杵島須古《きしますこ》の平井経治《ひらいつねはる》・武雄塚崎《たけおつかざき》の後藤貴明《ごとうたかあき》の備えとしている。蓮池城《はすいけじょう》には、長信に代わって家晴《いえはる》（龍造寺上総介家晴《りゅうぞうじかずさのすけいえはる》）を移し筑後勢の備えとしておる。万全の構えであろう」

隆信も得意気である。

「御意のとおり。小城《おぎ》には千葉介胤連《ちばのすけたねつら》公も備えておられますし、本庄には某《それがし》ども鍋島の一党も構えております」

鍋島信房が言上した。鍋島信昌にとって、信房は庶兄《しょけい》であるがその猛将ぶりや気働きぶりで敬愛していた。数多くの戦にも兄弟協力して隆信が元へ参陣し、先陣、二陣を務めている。

「おう、そのことよ。千葉殿は信昌の元養親《やしないおや》であったな。今回の今山夜討ちの進撃路は、本庄・小城領を通ることにより成し遂げたと言える。敵方から当方の夜討ちの企図と兵数を隠すことができた。有り難いことだ」

隆信も、千葉介胤連と鍋島家の連携を評価していた。

肥前の東千葉家の当主千葉介胤連には子がなかったため、本庄の鍋島清房に懇願して信昌を養子とした経緯があった。その後、胤連に嫡子胤信が誕生したことにより養子縁組は解消された。その際、律儀者であった胤連は、自らの知行地を割って信昌に与え、なお自分に近侍している馬廻から選りすぐった侍を信昌の家来として付与している。

千葉家、鍋島家共々に隆信にとっては、最も信頼できる同盟者であった。

「今夜は無礼講である。充分に酒も肴も過ごすが良い」

隆信は大盃にて酒を飲み干し、料理もその健啖ぶりを発揮している。四人の宿将も隆信に倣って、料理に箸をつけ始めた。

宴の席は和らぎ、それぞれに談笑が始まっている。

そんな中、鍋島信昌は隆信の憂いを含んだ表情を見逃さなかった。

「お屋形様、何《なん》ぞ、御心に差し障《さわ》ることがありましょうや？」

信昌が、隆信に問いかけた。隆信も言い淀んだが、少考して心の内を披露した。

「心に掛かるは、弾正少弼《だんじょうしょうひつ》がことである。奥も安子（於安）も行末を気に病んでおる」

「ああ、小田鎮光《おだしげみつ》殿が事でございましたか？　確か、筑後国に逐電していると聞いております」

「うむ。豊後の伴天連坊主《ばてれんぼうず》の肥前乱入に与同して牛津沖に出兵したが、大友勢の敗北を聞いてそのまま筑後国に逃れおった。恐らく鎮光・朝光《ともみつ》兄弟ともども柳河《やながわ》城蒲池鑑盛《かまちあきもり》が庇護を受けているに相違ない」

隆信も苦虫を潰したような顔付きで信昌に答えた。

「昨夏の大友宗麟の肥前乱入の機には、肥前諸将はその多くが大友方に与同し申した。長い物には巻かれろの言葉もありますれば、小田鎮光殿が心がわりも余儀ないこととも思えます。鎮光殿が妻室の於安様も鶴仁王丸様も、無事多久城より引き取り、佐賀城に心安く住まわれております」

信昌は、隆信の心を落ち着かせるよう言上した。

「おう、あの機《おり》は、其方らの働きにより、無事二人を儂《わし》が元へ引き取ることが出来た。ありがたいことである」

安子（於安）は、龍造寺宗家の先代龍造寺豊前守胤栄《ぶぜんのかみたねみつ》と龍造寺家門《いえかど》の娘との一粒種である。胤栄は天文十七年（一五四八年）三月に僅か二十五歳の若さで早逝していた。その時安子は六歳であった。隆信が龍造寺宗家の跡を継いだ際、胤栄未亡人を妻に娶り、安子を継子としていた。

永禄四年（一五六一年）安子十九歳の時、肥前蓮池城の有力武将小田政光の嫡子鎮光に嫁いでいる。その七年後永禄十一年（一五六八年）、隆信の命により鎮光夫婦は蓮池城より多久城に移され、蓮池城には隆信の弟和泉守長信を入れて、佐賀城の東の藩屏とした。だが鎮光は、先祖伝来の蓮池城から多久城に領地替えとなった事に宿意を持っていたと言われている。

「お屋形様。鎮光殿の仕置きも、降伏してきた他の諸将と同様に前非を悔い臣従を望むのであれば許し、神文を出させた上でこれまでと同様に娘婿とし処遇されてはいかがでしょう」

信昌は、安子や奥方の心中を思いやり、鎮光夫婦の立ち行く先を進言した。

「うむ。其方の言う事にも一理ある。だが既に多久城には長信を入れ、蓮池城には家晴を城番として入れている。帰参しても直ぐには与える知行地がない」

隆信も迷っているようである。信昌は少考していたが、膝を扇子でハッシと叩き妙案を思いついて隆信に提案した。

「当家には、小田政光が三男、小田常陸介増光《おだひたちのすけますみつ》殿が臣従してございます。増光殿は当家にとっても忠義の者。鎮光・朝光兄弟の当家帰参を許した後は増光殿の与力としてあてがい、二人の働き次第にて何処ぞに領地を与えては如何でしょう？」

隆信もしばし沈考していたが、

「信昌、良い考えじゃあ。いかにもそうしよう。明日、奥と安子に相談してみよう」

漸く胸の痞《つか》えが取れたようで、隆信は機嫌よく盃を重ね始めた。


翌日、龍造寺隆信は佐賀城の奥向に姿を現した。先触れの小姓が、事前に隆信の意向を伝えたものの、主君の急な訪問に奥向は大混乱に陥ってしまった。

奥方も侍女らも、慌てて身繕いして隆信を迎えた。

「これは、貴方《あなた》様。よくぞおいでになりました」

奥の御前（龍造寺家門の娘。後の宗誾尼《そうぎんに》）は、廊下に三つ指ついて隆信を迎えた。

「おう、久方振りである。其方《そなた》も健勝であるか？」

元々夫婦仲は仲睦まじい方ではない上に、久しぶりの顔合わせであった。やり取りが他人行儀めいてぎこちない。

「あい。至って健やかにございます。御前《おまえ》様もお元気そうで。まあ、中にお入りなされませ」

奥方は隆信を客間に案内した。すぐに侍女が茶を捧げ持って来た。隆信も上座の座布団に着座すると茶碗に手を伸ばし、一口啜っておもむろに妻に告げた。

「実は。其方に相談があって罷り越した」

「でございますか？　さて、どのようなご相談でありましょう？」

奥方は少し小首を傾げて隆信に微笑みかけ、夫の次の言葉を促した。

「うむ。安子と鎮光が行く末である。鎮光は、今回の経緯《いきさつ》はあっても我が婿に相違ない。幸い我が軍勢とも直《じき》には干戈《かんか》を交えていない。よって此度は鎮光を赦免して、佐賀への帰参を許そうと思う。宿将も同意しておる」

「えっ。貴方様。鎮光殿を許して頂けるのですね。それは何よりも良きお考えと存じます。安子も喜ぶでありましょう」

隆信の鎮光赦免の沙汰を聞き、奥方の顔色がパッと明るくなった。

「うむ。小田氏は肥前の名家でもある。安子とともに忠勤を励めば、領地を与えよう。いや将来は我が右腕として我家の後ろ盾とし、蓮池の旧領六千町歩を与えても良いと思っておる」

隆信も、妻の喜ぶ姿を見て、判断に間違いは無かったと安堵した。

「貴方様。暫しお待ちください。今、安子を呼びます故」

奥方は、侍女を呼びつけ安子への伝言を伝えた。

まもなく安子が駆けつけてきた。廊下で跪いて声を掛けると喜びの表情で入室した。

「お継父《ちちうえ》様。お久しゅうございます。安子でございます」

隆信に挨拶して、母親の脇に着座した。

「おう、安子。健勝で何よりである。今、奥とも相談しておった」

「はい」

安子の瞳は、継父の言葉を期待して輝いている。

「奥とも相談の上だ。鎮光兄弟を赦免するぞ」

「お継父様、それは誠でございますか」

安子の顔前は紅潮し、鬱々《うつうつ》とした気持ちも一気に霧散している。

「相違いない。安子。何ぞお前を謀《たばか》ることなぞあるものか」

「あい」

安子は、両手をついて深く頭を下げ感謝の意を表した。

「早速に、赦免状を書き記し柳河に使番を差し遣わそう。おう、そうじゃ。安子も文《ふみ》を記《しる》すが良い。一緒に届ければ鎮光も喜ぶであろう」

「お継父様、忝《かたじけな》く存じます。心より感謝申し上げます。早速に文をしたためます」

「うむ。早速に手配しようぞ」

隆信は、妻と継子安子の喜ぶ顔を見て上機嫌で奥向を後にした。


二日後、佐賀城より筑後柳河に向かって二騎の使番が南へ疾走していった。二人の使番とも替え馬を引き連れている。使番は、寺井の津にて騎乗してきた軍馬を番所に預けると、替え馬を川船に乗せ対岸の榎木の津へと渡河して行った。

榎木の津に上陸すると、蒲池鑑盛が家臣である一木村の原野恵俊《はらのしげとし》宅へと向かった。

これまでも肥前の武将が筑後に逃れてきた場合には、原野恵俊が一手にその接待役を務めている。隆信が使番も、とりあえず原野恵俊宅に乗り込めば小田鎮光一行の行方を聞き出せると推量している。原野恵俊はすでに死亡していたが、原野宅に駆け込んだ使番は、一族の者より小田鎮光の隠棲先を聞き出し、主君隆信とその娘安子の手紙を手渡して役目を果たした。

鎮光は、隠棲先の筑後国三潴《みずま》郡坂東寺で、隆信からの赦免状を受け取った。季節はすでに春であり、暖かい日差しが寺の縁側に差し込んでいる。鎮光は、その縁側に座って佐賀からの手紙を開いた。

「兄上。隆信からの手紙でありますか？」

弟小田朝光が、佐賀から届けられた手紙について問うた。

「うむ。一通は隆信が我らに対する赦免状である。もう一通は、安子からの書状だ」

鎮光は二通の手紙を隅々まで披見した後、弟朝光に手渡した。

朝光は、手紙を両手で受け取り、小礼して読み始めた。

「帰参せよと記しておる。さて、どうしたものかのう？」

鎮光も迷っている。だが妻安子の添え状がある。

「兄上。隆信は東肥前・西肥前に盛んに出兵しております。恐らく手が足りぬのではと推量いたします。我らの力を当てにしているやも知れませぬ。義姉《あねうえ》の添え状もありますれば、帰参を本気で赦すつもりかもしれませぬ」

朝光も、佐賀への帰参に気持ちが揺らいでいる。

「うむ。まさか自分の娘を謀《たばか》ることもないであろう。朝光、佐賀に帰参しよう。蓮池は父祖伝来の領地。隆信の信頼を得れば小曲城に入れるやも知れぬ」

不安がなかったわけではない。だが妻安子の手紙には、切々とした心情が込められていた。その心情を信用することにした。

鎮光は、承諾の返事を龍造寺隆信に送付した。

筑後に逐電した時に付き従った家来十人を引き連れて、鎮光・朝光一行は四月九日、隠遁先の坂東寺を後にして榎木の津を目指し出立した。昼前榎木の津に到着すると、川舟により寺井の浮盃津《ぶばいのつ》に上陸し佐賀城へと徒歩で向かった。

そしてその日の夕刻、小田鎮光兄弟と供侍一行十二名は、佐賀城下に到着する事ができた。鎮光は父祖伝来の土地蓮池城近辺の寺に宿泊したいと思ったが、東肥前の寺社仏閣は切支丹大名大友宗麟の命により全て打ち壊され灰燼に帰していた。一年たった現在、漸く神社・仏閣の再建が進められているが、宿泊できるほどには至っていない。鎮光一行は、やむを得ず佐賀城の北西に建立されている本行寺に宿を取った。

翌十日、小田鎮光以下六名は納富信景の屋敷に案内された。また弟朝光一行六名も、鍋島信房の屋敷に導かれた。それぞれの屋敷で饗応の宴を受けた後、十一日昼前には隆信の引見を受ける予定である。

元亀二年（一五七一年）四月十日夕刻、隆信は再び納富信景、納富信門、鍋島信房兄弟の四名を密かに城内に招いた。

隆信はここ二、三日眠れないのか、目の周りには隈が青黒く現れている。

「今宵参集させたは他でも無い。弾正少弼がことである。先日来、熟慮を重ねたが、やはり兄弟共々討ち取るに如かずとの想いに至った」

「何と申せられます？　それは本意でありますか？」

信昌が問い返し、四名とも驚愕して膝をすすめた。

「小田は肥前の名族なれど、向背常ならぬ一族であった。父親の政光《まさみつ》も龍造寺家への恭順と離反を繰り返してきた。信用ならぬ輩《やから》である。今後、蓮池の家晴も、小城小田の信周も、東肥前に出兵して佐賀を留守にすることも多くなる。その隙に、鎮光が旧領蓮池の郡村長・郷士や地下人らを扇動して、蓮池へ入城するかも知れぬ。そうなれば厄介なことになる。これまでの努力も水泡に帰してしまう」

参集した四名も、鎮光兄弟を誅殺するという隆信の判断を、已むを得ないと思い始めている。

「ならば、如何《いか》に仕留めましょう？」

納富信景が隆信の下知を促した。

「鎮光と家来衆は納富宅に逗留させているで、饗応の上隙を見て討ち取る。朝光一行は、信房の屋敷にて、これも討ち取ることとする」

密かに小田鎮光・朝光兄弟の暗殺が準備されていった。納富信景宅では、まず信景の叔父納富石見守信門が一の太刀にて斬りつけ万一討ち漏らした場合には、後続した手練れの家人が二の太刀、三の太刀で斬りつけ小田鎮光を殺害するよう手筈が整えられた。

納富但馬守信景宅で酒宴が持たれていた。宴席においても小田鎮光の太刀は佩刀を許され取り上げられることもなかった。接待役の納富信景は脇差のままである。このことが結果的に鎮光の油断を招いた。鎮光は、太刀を背中に沿って置き信景の接待を受け、酒や肴を楽しみ龍造寺家の饗応に満足している。

隣室では、納富信門ら討手五名が、気配を消して控えていた。

討手の納富信門は、二尺二寸の抜き身の太刀を右肩に添えて信景の合図を待っている。室内の激闘となるため、鴨居や天井に刃先を取られぬよう刃渡りの短い太刀を選んでいる。その背後には二番手、三番手の家人が、これも打刀を抜いて待機していた。

信門も家人らも、主君信景の合図を待っている。

「暫し手水《ちょうず》を使います故、暫時中座致しまする」

信景は鎮光に挨拶して立ち上がると、厠《かわや》に行く体で板戸を開けて廊下に逃れた。それが合図であった。

信門は板戸をスルスルと開けると、素早く摺り足で鎮光に立向かい打ち掛かった。

「上意である。エイー」

「おのれ隆信謀ったな」

鎮光は背後に置いていた太刀を右手で取り、信門に抜き付けようとしたが間に合わず鞘のまま討手の太刀筋を受け止めた。鎮光は百戦錬磨の強者である。信門の体を右手に大きく振り払った。

信門は左手に流されて転倒してしまった。鎮光は体勢を整えて、二番手の討手に立ち向かおうとしたが間に合わなかった。

「……」

二番手の討手は無言のまま鎮光の左首筋から腹部に向かって斬りつけ、鎮光の骨肉を深く切り裂いた。

「むむ……。隆信無道なり。無念。……安子、我を謀《たばか》ったか」

鎮光は首筋から血飛沫を上げながら転倒すると、安子に恨みの言葉を発して絶命した。

脇長屋で納富家の饗応を受けていた五人の鎮光附属の供侍たちも、手槍や弓で武装した討手に乱入され、悉《ことごと》く討ち取られてしまった。

ほぼ同じ時刻に、鍋島信房宅でも信房・信昌兄弟により、小田朝光主従が誅殺されていた。

僅か小半刻で、この暗殺は密かにそして完璧に実行された。

隆信は検死役として、家臣水田左京允《みずたさきょうのすけ》を納富信景屋敷に、その子水田彌太右衛門《みずたやたえもん》を鍋島信房宅に派遣していたが、それぞれ小田鎮光と小田朝光の死を見届けて主君に復命していた。

隆信は家臣の報告を聞いたが、心中は複雑であった。気持ちも晴れる事がない。

(酒を飲まずば眠れまい)

隆信は、無言のまま寝所に向かった。


元亀二年四月十日夜、佐賀城内の奥向は艶やかに賑わっている。

「お母様、もう鎮光様は佐賀においでですよね？」

安子は母親に問いかけた。

「あらあら、安子。鎮光殿もお供の方々も納富但馬守殿のお屋敷に入られたとお聞きしています。朝光殿は鍋島信房殿宅に宿泊されると聞いています。おそらく今夜は賑やかに饗応をお受けになられて、明日にお継父上の引見のためお城に登られるでしょう」

「でありますね。私は、今宵は眠れないかもしれない。早く朝がくれば良いのに」

母子とも、嬉しさに包まれ隆信の采配に感謝していた。

深夜、佐賀城の奥の寝所に、奥方の侍女頭《じじょかしら》友江《ともえ》が密かに小田鎮光・朝光兄弟謀殺の悲報を伝えに来た。奥方は眠れぬようで、部屋には蠟燭《ろうそく》が灯されている。

「奥方様。友江でございます。よろしゅうございますか？」

寝間から起き上がる気配がした。奥方は胸騒ぎを覚えている。

「友江かや？　……入るが良い」

友江は戸板を開けると、密かに膝行して奥方の部屋に進んだ。

「いかがした？」

「はい、実は小田鎮光様、朝光様共々生害されたとのことであります」

「何、しょうがい？　生害、いや何かの間違いであろう。そのような事が起こるはずが無い」

「納富信景様宅には幼馴染が奉公に上がっておりまして、密かに確かめましてございます」

奥方は驚愕して、両手を布団についている。

「納富信景様の屋敷で、上意討ちにて亡くなられたと……。間違いありませぬ」

侍女の友江の顔も青ざめている。奥方の顔も顔色を失っていった。

「なんと無道な。おのれ人非人め……。妻や子まで謀ったか」

奥方は宙を睨んでいたが、やがて布団に座り直した。

「安子は既に知りおろうか？　決して知らせてはならぬぞ」

「はい、ご承知ないと。侍女らにも足止めしております」

「うむ。それで良い。友江、安子の乳母の琴乃《ことの》を呼びや。それと力の強い侍女を三名ほど選んで連れてくるように。……太郎四郎（長男・龍造寺政家）も召し出せ。安子に気づかれぬように内密が肝要ぞ」

「はっ、承知いたしました」

友江は奥方から指示を受けると、密かに部屋を後にした。

「おのれ、隆信め。なんという非道なことをやり遂げたか。妾《わらわ》と、父違《てて》いとはいえ娘を謀った。決して許さぬぞ」

奥方は怒りに震えて歯軋りした。顔前は怒りで赤く血の気が戻ってきはじめている。

やがて、安子の乳母琴乃が密かに奥方の部屋を訪れた。少し遅れて侍女頭の友江と侍女三名も到着した。奥方は、集まった乳母と侍女らに事の顚末を聞かせ、後始末の手立てを指示していく。

遅れて嫡子の太郎四郎が従僕一名を引き連れて、忍んで母親の部屋に到着した。

「母上、お呼び出しにより太郎参上仕りました」

「ああ、太郎、其方小田鎮光兄弟が事聞き及んでいるかや？」

「はい、耳に入っております。何と酷《むご》いことを。姉上の身が心配でたまりませぬ」

奥方はすでに、平常心を取り戻している。ただひたすら娘安子への対応を考えていた。

「これより安子が寝所に向かおうと思う。鎮光殿生害の知らせを聞けば、安子は自らを責めて自害するやも知れぬ。それを防ぐが肝要ぞ。まず、我と琴乃と友江、それに侍女一名にて訪れ、夫の生害を告げるが、同時に刃物・細帯など全て取り上げる。その方ら二名は表口、手水口に張り番して誰も通してはならぬ。太郎には、同じく表口と手水口の警護につかせる。良いな」

奥方の指示に一同叩頭して承服した。

奥方と琴乃それに友江と侍女は、廊下を安子の部屋へと向かったが、とてつもなく長い距離に思えてならない。この四名より少し距離を空けて、太郎四郎主従と侍女二名が外廊下に沿って庭を抜けて安子が居間に近づいていった。

「お姫《ひい》様。お母様のお越しでございます」

乳母の琴乃が、廊下に跪いて安子に板戸越しに声を掛けた。

少しの猶予の後、安子が起き上がる気配がして答えた。

「お母様が？　お入りなさいませ」

琴乃が引き戸を開け、奥方と友江、そして琴乃も入室した。

安子は寝巻きに羽織を重ね着して、正座して母親の入室を迎えた。

「安子、もそっとこちらに寄りや。大事な話がある」

「はい。何のお話でありましょう？」

安子を手元に引きつけると、奥方はいきなり安子の胸元に手を差し込み、守り刀を取り上げた。

「お母様、何をなされます」

安子は、母親の思いもかけない振る舞いに驚愕して声を上げた。

「安子、気を確かにお聞きなされ。良いか。今宵、鎮光殿は納富屋敷にて身罷《みまか》りなされましたぞ」

安子の顔から血の気がひき、顔色は青ざめていく。

「嘘。そんな事が……。何故？」

安子の首筋に痺れるような寒気が走り、嘔吐感が突き上げてきた。

「ああっ。苦しい」

琴乃は安子に寄り添っていたが、素早く自らの襟元を大きく開き、安子を抱きしめると、襟と胸元の中に嘔吐物を吐瀉させそれを受け止めた。

「お姫様《ひい》。しっかり……」

安子は乳母の胸に抱かれながら気を失ってしまった。

琴乃と友江は、安子の体を支え寝間に運び入れる。友江が琴乃に懐紙を渡し、琴乃は丁寧に安子の顔周りから胸元まで吐瀉物を拭った。

「安子は大事ないか？」

奥方が心配そうに安子に寄り添ってきた。

「気を失っておられますが、大丈夫でございます。ただ、失禁されておりますので、すぐにお召し替えいただきます」

琴乃が答えると、奥方は友江と侍女に着替えを用意するよう指示し、またお湯を持ってくるよう命じた。

「可哀想に。何と酷《むご》い事……。医師《くすし》も呼び寄せましょう」

奥方は、涙を浮かべながら、ただ安子を不憫に思って見守るばかりである。

「そうじゃ、皆も懐剣を出して太郎に預けなされ。部屋の中の刃物は、剃刀や裁ち鋏に至るまで取り上げねばならぬ。それと腰紐・細紐も残してはならぬ」

万一のことを憂いて、奥方は侍女たちに差配していく。

「琴乃。苦労をかけて相済まぬな。我が夫ながらこの様である。これから安子に寄り添い、ひと時も目を離してはならぬ。寝ずの番が必要となろう」

「お方様。承知しております。畏《おそ》れながら安子様は、私にとっても実の子と同じであります。身に代えて、お守り致します」

琴乃も、一命をかけてこの苦難を乗り切るつもりでいる。

「頼みますぞ。……太郎はいるか？」

奥方が外廊下に声をかけた。太郎が、手水口の廊下に跪いて待機している。

「控えております」

「其方と安子は、小さい時より殊の外仲がよかった。心底から安子に接すれば、安子も癒やされるやもしれぬ」

「承知いたしております。これより昼間はここにて姉上をお守り申し上げます。夜は、母上や琴乃殿にて添い寝して、寄り添ってくださいませ」

太郎四郎は手水口に控え、家来には表口の廊下に張り番させるつもりである。生まれた時より、可愛がってくれた姉への恩返しと思っている。

安子は笑顔を無くしてしまった。母親、乳母や侍女などの必死の看護で自決こそ思いとどまったものの、もはや生ける人形にしか見えない。自分の部屋から出ることも好まず、ましてや継父隆信に目通りすることも拒否している。

太郎は、毎日辰の刻過ぎには郎党と従僕を引き連れて安子の部屋を訪れた。三人とも弁当と竹水筒を持参していた。郎党には表口の廊下に、自分は手水口の廊下にひっそりと張り番をしている。従僕は、庭の端の土塀沿いに筵《むしろ》を敷《し》いて控えている。主人太郎の命令を受けるため、ただ一途に太郎の一挙手一投足に注視して時を過ごしていくのである。十日であろうか、あるいは二十日過ぎたであろうか。太郎は律儀にいつものように手水口の廊下に座っていた。

「太郎がいるのですね」

部屋の中から安子が声をかけて、引き戸をそっと開け広げた。

「これは、姉上」

太郎も、身なりを整えて座りなおした。安子の後ろには、琴乃が控えている。

「貴方には苦労をおかけしますね」

父隆信による小田鎮光謀殺の後、太郎は初めて言葉を交わすことになった。

「何の、造作もないこと。姉上様もお元気のご様子、太郎安堵しております」

このやり取りを聞いて、乳母の琴乃は打掛の袖で顔を押さえながら咽《むせ》び泣いている。

「太郎、あれを見や。紫陽花の花芽が開き始めておる」

安子が、枯れ庭の大石沿いに植樹され、紫色に色づき始めた紫陽花を指差した。

「ああ、誠に。気も付きませんでした。まもなく雨の季節になりますな」

「太郎。もう心配することはありませんよ。これからは気を強く生きていきます。貴方の思いやりは一生忘れませぬ」

「姉上」

太郎は、溢れ出てくる涙を止める事が出来なかった。

安子は正気を取り戻し、四年後の天正三年（一五七五年）、東松浦の国人領主波多三河守親に継室として嫁いでいった。時に三十三歳での再嫁であった。父親からも佐賀城からをも逃避する決意であったのかも知れない。

年を同じくして、隆信は佐賀城を出て杵島《きしま》郡須古《すこ》の高城に移住した。奥方や政家らは、そのまま佐賀城に留まったため事実上の別居である。西肥前の有馬勢や、西郷勢に備えると称したが、家族との絆を失った結末であったとも考えられる。

二、関白秀吉、龍造寺肥前守政家隠居仰せ付けの事

天正十八年（一五九〇年）正月、大坂城奥の院では、独裁者の怒りが渦巻いていた。

「佐吉を呼べ。佐吉を召し出せ」

関白秀吉は顔面を真っ赤にして、怒りのままに石田治部少輔《じぶのしょう》三成を呼びつけた。

小姓に主君からの呼び出しを受けた三成は、慌てて大坂城の書院に参上した。

「上様、三成参上いたしました。如何《いかが》なさいました」

三成は廊下から声をかけると、膝行して入室し秀吉の前に平伏して言上した。

「おお、佐吉か。彼奴《きやつ》は余の申し入れを断ってきおった。許せぬ」

「上様。それでは何事か分かりませぬ。まず心穏やかにお聞かせくださいませ」

秀吉の怒りを宥めて、まず上座の座布団に座るよう促した。

寵臣石田三成の言葉に、秀吉も渋々書院の上座に着座せざるを得ない。

「うむ、他でもない。龍造寺肥前守（政家）が事じゃあ」

「なるほど。龍造寺民部太輔《みんぶたいすけ》殿が事でございますか？　で、何といたしました？」

三成も事の経緯は薄々耳にしていたものの、知らぬふりをして秀吉に尋ねた。

「娘安子を差し出せという余の命を断ってきた。不敬である」

秀吉の怒りは、まだ収まっていない。

「上様。聞き及びますに民部太輔の娘は、未だ十二歳の小娘ではありませぬか？」

三成も、主君とはいえ秀吉の物好きに半ば呆れている。

「十二歳であってもなかなかの美形である。娘になれば世に並びもない女ぶりとなろう。城内に召し出し手塩にかけて育て、いずれは余の側室とするつもりであった。それをあの男は、娘が病弱と言いたてて断ってきよった。許せぬ。知行地を早速に召し上げ、何処となりに放逐してやる」

「上様。それはなりませぬ」

三成が、秀吉にキッパリ言い切った。

「民部太輔殿は肥前の太守。怒りに任せて大義もなく知行地を召し上げれば、肥前の諸将に動揺が走り、肝心の唐入りが危うくなりましょう。それに昨年、民部太輔殿は正室を病により失っております。正室も娘も手元から失う事に、殊の外気に病んだやもしれませぬ」

三成は腹を据えて、主君秀吉に説教するつもりである。

「上様のご下知により、肥前上松浦の地に唐入りのためのお城を縄張り中にございます。これには肥前の諸将を動員して城普請の手伝いを命ずることとしております。その肥前の太守が龍造寺民部太輔殿にございます。ここは堪忍が肝要と存じます。さらに、いずれは九州一円の大名を動員することとなりますれば、今波風を立てては事がなりませぬ。唐入りに何かと差し障りが起きるやにしれませぬ」

石田三成の理詰めの諫言に、秀吉も反論できなくなった。

「しかしこのままでは済ませぬ。佐吉、何か方策はないか？」

暫し、熟考して三成が秀吉に提案した。

「ならば、民部太輔殿に隠居を申し渡すが良策と存じます。病弱を理由に隠居を命ずれば上様の心も安まるのではありませぬか」

「病弱を逆手に取って隠居させるか？　それは妙案である。して、その後は如何とする？」

秀吉の顔に酷薄な凄みのある笑顔が戻ってきている。

「質人《しちびと》として、確か幼き倅《せがれ》が在坂しておりますれば、龍造寺家の家督を継がせるに如かずと推量いたします。さすれば家臣どもも納得いたしましょう」

「龍造寺家の家督を継がせるか？」

「御意。その上で、龍造寺の当主が幼い事を理由に、鍋島加賀守直茂に龍造寺家領仕置きの朱印状を発します」

秀吉がニヤリと笑った。

「事実上の改易であるな。佐吉。良い手立てである。早速手配せよ」

「但し、上様。これ以後は民部太輔殿が娘に懸想《けそう》はなりませぬ。ようございますな」

「三成。よく分かっておる。天下六十余州は儂が手にある。あの程度の娘は、掃いて捨てるほどいる。最早執着心も消えてしまった。急ぎ差配せよ」

天正十八年（一五九〇年）正月、関白豊臣秀吉は、病弱を理由に龍造寺肥前守政家に隠居を命じた。また隠居料として、肥前国佐賀郡太俣庄久保田村に五千二百二十四石の知行地を与えた。本来、知行地一万石につき四百名の軍役を課せられるのだが、隠居した政家については軍役を免除された。

政家は隠居の命令を慎んで承服し、すぐに大坂を後にして末子八助とともに肥前佐賀城に帰着した。

また、秀吉は三月七日に龍造寺家の家督は嫡男藤八郎高房が襲名することを認めたが、肥前の国務については鍋島加賀守直茂が務めることを命じ直茂に朱印状を与えた。

政家が佐賀へ戻った事と引き換えに、秀吉は政家の弟江上家種《えがみいえたね》からは養子伊勢松、同じく弟後藤家信《ごとういえのぶ》からは嫡子初龍、親戚龍造寺家晴からは嫡子万歳を質人として上洛させ大坂に住まわせた。

また新たな質人を大坂に入れた代わりに、大坂の秀吉が元に天正十四年以来質人として在坂していた政家の母宗誾尼《そうぎんに》と政家の娘安子は、天正十八年八月に佐賀への帰国を許された。

佐賀へ帰還する二人には侍女や用人・従僕が付き従ったが、万一を思い憚って政家配下の屈強な家臣五名に護衛されている。

宗誾尼一行は、堺にて一泊した後、二百石の弁才船を借り上げ、堺の湊から長門《ながと》赤間の関へと旅立った。一行の身の回り品しか積載しなかった弁才船は吃水も浅く、穏やかな東風を受けて一日目の宿泊地である備後鞆《びんごとも》の浦へ、瀬戸内海を西へ疾走した。

鞆の浦で潮待ちのために宿泊し、二日目には柳井の湊へ寄港した後三日目に長門赤間の関へ入港した。

この赤間の関には、壇ノ浦で入水《じゅすい》した安徳天皇を鎮魂する阿弥陀《あみだ》寺が建立されている。宗誾尼は孫娘安子とともに、この阿弥陀寺を参拝している。その際「阿弥陀寺」に掛けて一首和歌を詠んでいる。

南のみきく無かしかたりの阿りさまを彌れば涙の陀もとうちそふ

訳すれば、

「名のみ聞く昔語《むかしかた》りの有様《ありさま》を見れば涙の袂《たもと》うちそう」ということか。

秀吉による息子政家の隠居の沙汰、鍋島直茂への肥前国政の朱印状発布、自分と孫娘の下国の命令を受けて、龍造寺家の衰微を平家一門の栄枯盛衰に準《なぞら》えて詠んだものであろう。

赤間の関に宿泊して潮待ちした宗誾尼一行は、翌朝渡海船により早鞆《はやとも》の瀬戸《せと》を渡って門司湊に到着した。

門司湊は小倉六万石を知行している森壱岐守吉成が領地である。石高こそ六万石と少ないが、九州の表口となる小倉を秀吉は最も信任している森吉成に与えた。

森吉成は秀吉の出生地である尾張の出身であり、秀吉の朋友でもあると共に馬廻（黄母衣衆）として仕えた。秀吉はその才気と知略により信長に見出され、吉成はその秀吉を補佐して、使番として信長との連絡や秀吉麾下の武将への命令の伝達将校として活躍した。

本能寺の変で織田信長が没して以後は、羽柴秀吉の最古参の宿将として多くの戦に参陣し、その律儀さを評価されて秀吉の九州仕置きの際、九州の表口である小倉六万石を拝領したものである。

ただ秀吉は、身分の低い自分の出自を熟知している森吉成を、大坂から遠ざけたかったのかも知れない。佐々成政《さっさなりまさ》の肥後騒乱の後、秀吉は「森壱岐守吉成」名を、中国毛利氏の姓を授けて「毛利豊前守吉成」と改姓させている。

律儀者の毛利吉成の日課は決まっていた。毎日朝餉を済ませて小倉城から馬にて小倉口の番所まで巡察するというものである。馬の口取りと家人森勘左衛門だけを引き連れた。朝餉の後に番所まで行き着く頃には、赤間の関から朝一番の渡海船で門司湊に到着した旅人たちが、小倉口の関所に到着する。吉成は小倉口の関所で半日過ごし昼食を摂った後、巡察を終えて小倉に帰城するというものであった。

この日も、毛利吉成一行は、小倉城を出立して小倉口までゆったりと馬を進めていた。小倉口の関所に到着すると番所役人たちが出迎えた。下馬した馬は、口取りが馬屋まで率いて休息させる。

右手に鞭を持ち関所内を眺めていた吉成は、二丁の塗輿《ぬりこし》に目を止めた。

「勘左、あの塗輿は何ぞ？　女物の様だが？」

「はっ、只今確認してまいります」

森勘左衛門は、小走りで関所内の武家構えの一行に近づいて行った。関所役人の数名が、慌てて森勘左衛門の後に付き従った。

「遠目には、定紋は菊の御紋か日足《ひあし》紋の様であるが。日足紋なら龍造寺家のものであるか？」

やがて、勘左衛門が息を凝らしながら戻って来て吉成に報告した。

「申し上げます。肥前龍造寺政家公の御母堂様と御息女様の塗輿でございます。大坂から肥前佐賀への下向の旅とのこと」

吉成は、自分の推量が当たって大きく頷いた。

「そうであろう。勘左、ならば丁重に接待館にご案内申せ。休息いただき茶なりご進上いたそう」

「はっ、早速に手配いたします」

勘左衛門は関所役人たちに命じて、旅人一行二十数名は接待館へ案内を、関所には茶菓子接待の準備を手配する。

関所脇に、貴人の旅人を休息させるための接待館が設けられている。その接待館の式台正面に、二丁の女塗輿が乗り入れられた。

宗誾尼と安子は、毛利家の役人に案内されて、貴人を持てなす客間に通された。

室内には、一枚の座布団と二枚の座布団が対面して設けられている。また脇息《きょうそく》が、それぞれの座布団左脇に置かれていた。

宗誾尼も安子も座布団に控えて正座している。

やがて森勘左衛門に先導されて毛利吉成が入室し、二人に対面して座布団に着座した。

「某が毛利豊前守でございます。まあ、お顔をお上げください」

三つ指をついて吉成を平伏して迎えた宗誾尼と安子は、嫋《あで》やかな仕草で顔を上げた。

(これは、なんという気品と美しさ……)

吉成は、二人の凛とした女ぶりに息を呑む思いである。

「お二人とも、遠慮なく座布団をお使いください」

吉成に勧められて、宗誾尼と安子は座布団に座り直した。

「龍造寺民部太輔が母で宗誾尼と申します。隣に控えしは、民部太輔が娘安子でございます。今度は、思いもかけず御丁寧なお持てなしを賜りまして、感謝申し上げます」

物怖じしない宗誾尼の挨拶に、吉成の方が焦って顔を紅潮させている。

「いえ、大坂からの長旅さぞやお疲れでございましょう。お気の済むままに御逗留なされるが良い。遠慮は無用である」

「忝のうございます」

侍女がお茶と干菓子を捧げ持って入室し、二人の前に供えるとすぐに退出した。

「まあ、粗茶と菓子でありますが、ご遠慮なく食されよ」

吉成は、慌てて茶碗に手を伸ばし口にした。

「頂戴いたします」

館の主人が茶を口にしたのを見届けてから、宗誾尼は座布団前のお茶に手を伸ばした。

祖母に後れて安子も茶を口にしている。二人とも三口で茶を飲み干すと、干菓子は丁寧に懐紙に包んで胸元に差し入れた。

「有難いお言葉心に沁みます。なれど、明日には佐賀に下向する予定でございますので、心残りではありますが暫時ご暇乞いさせていただきまする」

半刻ほどで接待の儀も終了し、宗誾尼一行は小倉口を後にした。

吉成は名残惜しそうである。

客間に吉成と勘左衛門が二人残されている。

「勘左、儂《わし》は決めたぞ」

「旦那様。何を決められたのでございましょう？」

「倅《せがれ》三郎の嫁に安子殿を貰い受ける。三郎が十三歳、安子殿が確か十二歳。似合いの夫婦《めおと》ではないか」

「しかしながら、民部太輔公は、関白殿下の不興を買っての隠居の沙汰と聞いております。関白殿下がお許しになりますでしょうか？」

「勘左、心配するには及ばぬ。儂はあの御仁には貸しがある。それも一つや二つではないぞ」

関白秀吉に黄母衣武者《きほろむしゃ》として仕えた吉成は、主君であり朋友でもある秀吉が木下藤吉郎と名乗っていた頃よりその知略を愛し、信長の命令と企図を何より早く秀吉に伝え幾度も難局を救っている。

「関白殿下は、北条一族を討伐して関東・奥州仕置きを成し遂げ上機嫌である。我が家と民部太輔殿との縁組を断る謂れはない。それに来年はいよいよ唐入りとなろう」

「確かに、唐入りとなりましょう」

「そうなれば、儂は軍監として、唐入りする九州一円の諸大名の軍勢を検察する務めがある。渡海しなければならない。果たして生きて帰れるか？　三郎の婚儀を今年中に行うに如かずということだ」

「確かに急がねばなりませぬな。なれば旦那様。いかに手立ていたしましょう」

吉成は少考していたが、

「民部太輔殿に安子殿拝領の使いを出そう。うむ、誰が良いかのう？　勘左お前はどうだ？」

勘左衛門は、慌てて手を左右に振った。

「とんでもございませぬ。某《それがし》なぞにそのような大役は無理でございます」

「冗談だ。うむ、そうだ。香春岳《かわらだけ》城を任せておる毛利九左衛門に行かそう。あやつなら話を纏めるであろう。九左衛門が正使で、お前が副使だ。これなら務まるであろう」

「はあ、それならば安心でございます」

勘左衛門も、ほっと胸を撫で下ろしている。

「そうとなれば三郎の元服を急がねばならぬ」

「御意」

「元服後の名前を何としよう？　一字を関白殿下より頂戴するか。『秀吉』名より『吉』の偏諱《へんき》を受けよう。民部太輔殿からは『政家』名より『政』の字を拝領しよう。毛利豊前守吉政《もうりぶぜんのかみよしまさ》じゃあ。良き名前である。勘左どうだ」

「お気の早い事で。確かに良い名乗りでありますな。しかし関白殿下も民部太輔殿も承諾いただけますでしょうか？」

「勘左。関白殿下の了解は儂が取り付ける。民部太輔殿は清廉で度量が座っておる。心安く偏諱を授けていただけるであろう」

森勘左衛門は、未だ心配そうである。

「儂は、上洛するぞ。天下一統を成し遂げた関白殿下に賀詩を上奏する。会ったその日に、小倉毛利家と龍造寺家の婚儀を認めさせる。それに偏諱を賜ることもな。沙汰状を貰い受ける」

吉成は上洛すると早速に、大坂城に登城して関白殿下への拝謁を申し入れた。関白秀吉は、上機嫌で吉成の面会を許した。秀吉にとって実直な股肱の臣である。

両家の婚儀と「吉」の字の偏諱を上奏したが、案外に呆気なく認可された。その上、秀吉はその日の内に祐筆に命じて、龍造寺家の安子と毛利家の嫡男三郎の婚儀認可の沙汰状まで書き記してくれた。

吉成は、思いがけず容易に沙汰状の下賜を受けて拍子抜けした気分である。

(関白殿下は、安子殿との経緯も、民部太輔の御隠居沙汰にも触れる事がなかった。忘れておるのか？　まさか呆けが始まっているのか？)

「いや、それもあるまい。これで九左衛門も大威張りで佐賀に乗り込めるであろう」

年末に、龍造寺家と毛利家の婚姻が恙無《つつがな》く執り行われた。宗誾尼も政家も、毛利吉成の人柄を了としており、喜んで安子を小倉毛利家へと送り出した。

これで毛利吉成も、後顧の憂いなく朝鮮半島に渡海できると安心の心持ちであった。

※秀吉没後、関ヶ原の戦いでは毛利吉成父子は、西軍として参戦した。西軍敗北の後

は、徳川家康により所領を没収され土佐高知の山内家にお預けとなった。この高知で毛利吉成も安子も亡くなっている。

十四年後の大坂冬の陣、翌年の大坂夏の陣では、毛利吉政は毛利勝永と名前を改めて大坂城に入城して豊臣方の有力武将として参陣している。

毛利勝永は、方面軍団を真田幸村とともに任され、徳川家康の本陣に肉薄したが、幸村の討死を聞いて兵を引き大坂城に戻っている。

大坂城落城の際は、淀殿・秀頼の介錯を務め、自決して豊臣家に殉じたという。

三、政家と直茂談合に至る事

天正十八年正月、政家は関白秀吉の隠居の沙汰により、肥前佐賀の太俣庄久保田村に隠居を命じられた。娘の安子は、天正十八年（一五九〇年）年末、関白秀吉の沙汰状により、豊前小倉の毛利豊前守吉成が嫡子三郎に嫁いでいる。

政家が隠居した久保田屋敷は、天正三年（一五七五年）龍造寺生左衛門家均《しょうざえもんいえただ》が、隆信より知行した太俣庄《ふとまた》に居住するために、領内の久保田村に建築したものである。

その後、天正十六年（一五八八年）家均が小城郡砥川《おぎとがわ》に知行地を移されたことにより暫く空き家となっていた。この龍造寺家均は、塚崎の国人領主後藤貴明の実子であったが、隆信の三男善次郎家信が後藤貴明の養子に入り、代わりに龍造寺隆信の養子となったものである。また政家が先年正室をなくしたことを知って、「何かと不便であろう」と妹を後室として嫁がせている。

政家はこの空き家を修復し、また新たに必要な建屋を増築して自らの隠居所とした。敷地は南北約一町、東西も一町程で四千坪の広さで左程広くないが、政家やその後室をはじ

龍造寺政家隠居所

出典：国土地理院保管空中写真。昭和37年撮影。KU-62-6 C98-4　著者にて購入。

画像をトリミングして、記号・加工して掲載。

め用人、侍女など三十名ほどが暮らすには十分の広さであった。

警護の侍の屋敷は、久保田屋敷の西堀を挟んで数棟建築され、家族とともに居住している。

屋敷の南面には嘉瀬川が北東から南西に向けて屈曲して流れて、隠居所の東南隅で政家の屋敷に接していた。敷地の内、屋敷周りには幅二間の堀を巡らし、東南の角には、川舟数艘が嘉瀬川より出入りできる船溜も設けられている。周辺の漁師や物売りが川舟を利用して、隠居所に物品を納めるため頻繁に出入りしていた。

また屋敷の南西隅、堀を挟んで馬屋が建てられ、政家の愛馬や来客用の馬を世話できるよう稲藁や飼葉などが小積され、また大豆などの濃厚飼料も備蓄されている。

政家が久保田屋敷に移り住んで八年後の慶長三年（一五九八年）十二月、佐賀城より騎乗の使番と口取が長崎街道を西に向かった。使番は一里半ほど街道を進むと嘉瀬川の自然堤防に行き着いた。嘉瀬川の大橋を渡り久保田の往還を左折して、さらに十町ほど進むと政家の隠居屋敷に到着し、屋敷を差配する用人に面談を請い屋敷内へと消えていった。

使番の口上は、朝鮮半島より帰国した鍋島加賀守直茂が、政家にご機嫌伺いに訪問するというものであった。

久保田屋敷は、俄かに活気付き接待の準備のため外出する者、屋敷周りの清掃に従事する者とおおわらわとなっている。

その数日後、鍋島直茂主従一行が久保田屋敷を訪問してきた。荷車一台を引き連れていたが、年末年始の奉賀物で山積みされている。

玄関口で直茂を出迎えた政家夫妻は、客間へと直茂を案内した。

客間には、床の間に並んで奥に一席、手間に二席の料理が配膳されている。客人である直茂は奥の座に案内された。

直茂が着座して間もなく、奥方に案内されて政家が入室した。二席設らえた座布団のうち、上手に政家が着座し下手の座布団に奥方が座った。

「お久しぶりでございます。無事、李氏朝鮮国より帰還してございます」

直茂が両手を畳について奏上した。

「誠に。彼の地から無事帰られて何よりです。安堵しております」

「はっ、勝手わからぬ異国の地でありますれば、多くの将士を失いました」

「さも、ありましょう。今日は心安らかに再会を祝いましょう」

政家も直茂も、目頭に涙を溜めている。その様を見て奥方ももらい泣きしそうである。

政家は、内密の話もあるかもしれぬと周囲の侍を遠ざけた。

「控えているか？」

政家が奥の間に待機している警護の侍に声を掛けた。

「はっ、三名備えております」

警護の者が奥の間より政家に奏上した。

「であるか。警護には及ばぬ。下がって加賀守殿の供侍の接待を行うがよい」

「……。承知仕りました」

奥の間の襖が開かれたようで、数名の警護の侍が退出していく様子である。やがて人の気配も無くなった。

「我が供侍も控えているか？」

直茂も、控えの間に待機している警護の侍に声を掛けた。

「はっ、控えております」

直茂を直衛する三名の馬廻役の内、一番の遣い手である物頭が答えた。

「ご隠居様の思し召しである。下がってご相伴に預かるが良い」

直茂も顔面を緩め、嬉しそうに供侍の警護の任を解いた。

「承知仕りました。心苦しくはありますが、ご馳走をお受けいたします」

警護の供侍が退出する気配を残して、やがて控えの間も沈黙が支配した。

「これで良い。のう加賀守殿、これで奥と三人だけで遠慮なく話もできよう」

「いかにも。居心地良うございます」

奥方が二合徳利を取り上げ、直茂の盃に酒を注ごうとした。

「加賀守様、まず一献お過ごしなさいませ」

政家が慌てて、奥方を制した。毒味を自身がするつもりである。

「これ奥、儂の盃が先であろう」

「あれ、私としたことが。うっかりしておりました。まこと貴方様のほうが先でございました」

奥方は、政家の差し出した大振りの盃にたっぷりと清酒を注いだ。

政家は、盃の清酒の香りを確かめ、おもむろに盃に口をつけると美味しそうにこくりこくりと喉を鳴らして飲み干した。

「旨い。流石に奥が選んだだけのことはある」

と奥方を褒めて、満足気に盃を下ろして息をついた。

「あら、貴方様。このお酒は加賀守様からの晦日のご進物で、先ほど頂いたものございますよ」

奥方は、さも可笑し気に打掛の袖で口元を覆っている。

「そうであったか。肥前の酒も旨いが、これは更に美味である。上方の酒なら、伏見下りの銘酒であろう」

奥方は、大きくうなずくと徳利を取り上げて、

「加賀守様。改めてご一献進上いたしまする」

と酒を勧めた。

「忝のうございます」

直茂も盃を持ち上げて、奥方よりなみなみと清酒をうけた。

「奥、其方も過ごすがよかろう」

政家は徳利を取って、手ずから妻にも酒を勧めた。また自分の盃にも酒を注いだ。

「では、乾杯しようぞ。太閤殿下の逝去により、よくぞ彼の国より無事帰国できたものである。先ずは目出度い」

三人は、目の高さまで盃を上げ一礼して盃を飲み干した。乾杯の後は政家と直茂は、折敷に並べられた汁物、煮物や焼物に箸を付けている。

「ご隠居様、小倉毛利家に嫁がれた安子殿は、叔母上於安殿の幼き頃と瓜二つではありませぬか。妙安尼（於安）殿は先日来、佐賀城に宗誾尼様とお暮らしでございますが昨日お目にかかりました。それに客月、上洛の際小倉城にて吉政殿と安子殿にお会いいたしました」

直茂は感慨深げに、政家の姉於安の面影に思いを馳せながら言った。

「加賀守殿もそう思われるか？　安子の名前は姉上の幼名を頂戴いたしました」

「なるほど。やはり推量どおりでありましたな。よく似ておいでだ」

「姉上は、幸薄い人生を歩まれた。いや父隆信の将棋の手駒のごとく歩まされた」

政家も、姉於安の茨のような人生に思いを馳せ、憂い気である。

「確かに、そうであったやも知れませぬ」

直茂も同じ思いである。

「文禄三年（一五九四年）、姉上が再嫁した波多三河守親も、朝鮮の土地にて不行跡ありと太閤殿下の不興を買い、知行地を改易され常陸国筑波に配流となってしまった。波多親殿は、姉上を配流先に連れて行くのを哀れと思い離別なされた。今では加賀守殿の庇護下にあり、髪も下ろし静室妙安尼と号しておられる」

政家は、姉於安の不遇の半生に思いを馳せ、憐れみを感じている。

「ご隠居様。宗誾尼様と妙安尼殿は龍造寺一族の菩提を弔う為、尼寺の建立をお望みであります。先日敷地の選定と確保をご依頼受けたところでございます。早速勝茂に命じて、菩提寺の敷地を探し求めておりました所、与賀神社北二町にあります五千坪の敷地を選定し確保致しております」

「でありましたか。それは何よりも重畳《ちょうじょう》」

政家は、母親と姉の思いを心の鏡に映すように、はっきりと見ることが出来る。

「敷地が整いますれば、宗闇尼様と妙安尼殿は、自らの財で本堂・堂宇などを建立されるとの考えであります。ですが、それはなりませぬで、公事方より出費させまする」

「加賀守殿。お願いがござる。寺の本堂・伽藍・調度品についての費え、我にも担えさせて頂けまいか。全部とは言わぬ。せめて半数でも……」

「良き考えと存じます。宗闇尼様も妙安尼殿もお喜びになるでありましょう。ご隠居様のお考えに沿うよう手配いたします」

「忝《かたじけ》ない。無理を乞うて申し訳ない」

政家は、両手をついて直茂に感謝した。

政家も鍋島直茂も、今日の談合が最も実り多かったと感じている。

約一刻の宴の後、鍋島直茂は後ろ髪を引かれる思いを断ち切って帰路についた。

政家は、一人客間で佇んでいた。ふと、ある想いに駆られた。

(母上は夫として最初の夫龍造寺豊前守胤栄を弔うのであろうか？　それとも胤栄公死亡の後再嫁した龍造寺山城守隆信、我が父親を菩提するのであろうか？　いや、胤栄公に違いない。

ならば、姉上は如何であろう？　姉上の父親は胤栄公のみであるに違いない。

姉上が六歳の機、僅か二十五歳で早逝した父胤栄公は、姉上にとって憧れの青年武将であり唯一の父親であったはずだ。

姉上が寺で弔う父母は、龍造寺豊前守胤栄公と母親宗誾尼だけに違いない。

もしそうなら、姉上が菩提する夫も、継父隆信に誅殺された小田弾正少弼鎮光殿ではないのか？

継父隆信の命令で波多親に再嫁しても、姉上の心の奥では、ただひたすら鎮光殿に謝罪し、鎮光殿に操を立てていたのかもしれない）

政家はそう考えて、姉於安が哀れで愛おしく、また悲しくとも思われた。

(ならば万一、我の方が姉上より先に身罷ったら、姉上は我を弔ってくれるだろうか？

いや、必ず菩提してくれるに相違ない）

政家は、姉との強い絆を感じていた。

政家は、不運続きであった姉於安こそが、今では龍造寺家での最後の勝者であると確信していた。

※一般的には、龍造寺胤栄の娘で、波多三河守親の後室となった安子を「秀の前」と

している。関白秀吉が安子を見染め枕席に侍らすとしたら、九州下向した天正二十年（一五九二年）に肥前名護屋城在陣中の逸話と推定される。

この時、波多親夫婦が秀吉に目通りした結果、秀吉が安子に懸想したことになる。

だがこの時安子の年齢は、戦国時代には高齢者とも言える五十歳であった。秀吉の正妻である寧々でも四十一歳であり、秀吉がいかに物好きでも果たして五十歳の於安に触手を伸ばす事があったろうか。冷静に考えれば、龍造寺胤栄遺児安子＝「秀の前」とする説は無理筋だと思えてならない。

波多三河守親は、朝鮮役の際不行跡ありとして秀吉に改易・流罪の処分を受けたが、これを民衆は、秀吉の召し出しを断った「秀の前」としての妻於安に原因と責任を転嫁してしまったのではないだろうか。

※妙安尼は、寛永元年（一六二四年）七月に八十二歳で逝去している。龍造寺政家と息子高房は慶長十二年（一六〇七年）に没している。政家の息女安子は、配流先の土佐高知にて慶長十五年（一六一〇年）に病没している。
龍造寺家で、最も不幸で不運な生き方を歩んだ妙安尼が長生きをして、多くの人々の菩提を弔った。彼女こそ、人生の最後を充実して送ったのかもしれない。

あとがき

昨年六月『暴論「東南陸行五百里」』の発刊に続きまして、今回続編を刊行する運びとなりました。元々、短編の歴史時代小説五篇を出版したいと思っていましたので、なんとか目的を達したことになります。

五作品とも、「定説」と言われるテーマについて、新たな視点で著述したいと思っていましたが、それなりに表現できたのではと思っています。

続「東南陸行五百里」では魏志以降の中国の正史と、日本の正史日本書紀の解釈によって邪馬台国の比定地を推理し、なお大和政権の成立・謎の四世紀・倭の五王と、隋と大和朝廷の関係についても記述する結果となりました。

是非とも手に取っていただいて、目を通していただければ幸いです。

今回の出版にあたって、多くの方々のご支援をいただきました。

松山市在住の奥村隆俊氏には、表紙画像「海景」の写真データのご提供をいただきました。また、京都府舞鶴市在住の森下正氏、松山市在住の近藤次郎氏、同じく宮内小百合氏など多くの方々のご支援を頂きましたこと感謝いたします。

山梨県北斗市在住でした叔母上故竹本カホル様には、素材やテーマについて多くのアドバイスを頂きました。謹んでご冥福をお祈りいたします。

鷹取　登（たかとり　のぼる）

2022年２月　退職を契機に著述活動を開始する
2023年６月　第一作短編集『暴論「東南陸行五百里」』を出版する
①暴論「東南陸行五百里」
②帰農への道
③未必の故意
今回、第二作短編集『続「東南陸行五百里」』を出版し、現在に至る。

続「東南陸行五百里」

2024年７月23日　初版第１刷発行

著　者　鷹取　登
発行者　中田典昭
発行所　東京図書出版
発行発売　株式会社 リフレ出版
〒112-0001　東京都文京区白山 5-4-1-2F
電話 (03)6772-7906　FAX 0120-41-8080
印　刷　株式会社 ブレイン

ISBN978-4-86641-767-7 C0095
Printed in Japan 2024